中等职业教育项目课程改革“十二五”系列教材
财经专业公共课

电子商务基础

Dianzi Shangwu Jichu

（第三版）

滕芫 主编

东北财经大学出版社
Dongbei University of Finance & Economics Press
大连

图书在版编目（CIP）数据

电子商务基础 / 滕芫主编．—3版．—大连：东北财经大学出版社，2019.8

（中等职业教育项目课程改革“十二五”系列教材·财经专业公共课）

ISBN 978-7-5654-3534-8

Ⅰ．电…　Ⅱ．滕…　Ⅲ．电子商务-中等专业学校-教材　Ⅳ．F713.36

中国版本图书馆CIP数据核字（2019）第100299号

东北财经大学出版社出版

（大连市黑石礁尖山街217号　邮政编码　116025）

网　址：http：//www.dufep.cn

读者信箱：dufep@dufe.edu.cn

大连一合印刷有限公司印刷　东北财经大学出版社发行

幅面尺寸：185mm×260mm　字数：153千字　印张：8.5

2019年8月第3版　2019年8月第4次印刷

责任编辑：郭海雷　王　斌　责任校对：孟　鑫

封面设计：张智波　版式设计：钟福建

定价：25.00元

教学支持　售后服务　联系电话：（0411）84710309

如有印装质量问题，请联系营销部：（0411）84710711

第三版前言

党的十九大报告明确提出要建设“数字中国”“网络强国”，我国数字经济进入新的发展阶段。电子商务是数字经济中最活跃、最集中的表现形式之一，是构成数字经济的重要组成部分，成为国家经济增长的新动力。

本书在保持前两版特色的基础上，采纳了教材使用过程中各校教师的意见，使内容更贴近实际，新增了“电子商务法知识”“电子商务发展新业态”“移动支付”“微信营销”等内容。在修订中，我们根据商务部、中央网信办、发展改革委印发的《电子商务“十三五”发展规划》的要求，结合《中等职业学校专业教学标准（试行）财经商贸类（第一辑）》中的“电子商务专业教学标准”，兼顾西部地区经济发展的现实和教学需要，以“发挥教师的主导作用和体现学生的主体地位”为指导，系统阐述了电子商务的基础知识、基本技能。根据中职生的学习特点，本着“理论够用，突出实操”的思路，全书共设计5章：第1章认识电子商务，介绍电子商务的基本概念、发展历史，以及电子商务实现的技术基础；第2章电子商务盈利模式，讲述了电子商务的盈利模式；第3章网上开店，介绍了电子商务模式下网上开店的基础知识，包括网上开店基本条件和步骤、开设网上少数民族特色店的基本操作；第4章网络营销，阐述了网络营销常用工具、网络广告、网络调查等内容及基本操作；第5章电子商务实现的保障，介绍电子支付与网上银行、物流配送体系与商务交易的安全保障和措施、电子商务法律保障建设等内容。为方便教学，本书配套了PPT电子教学课件。使用本书的任课教师可登录东北财经大学出版社网站（www.dufep.cn）下载使用。

本书由滕芫担任主编。具体参与编写的人员包括：福州商贸职业中专学校陈慧、桂林市旅游职业中等专业学校刘姣兰、李明桂，文山州财贸学校任娇娇、柏萍、王海燕、滕芫，长春工业大学滕智鹏，武汉大学经济管理学院冯育智，深圳大学经济学院江思然。

本次修订尽管做了很大努力，但由于编者水平有限，书中难免存在不足之处，敬请读者批评指正。

编　者

2019年3月

目 录

第1章

认识电子商务

学习目标

知识目标

1. 了解电子商务的产生和发展；了解电子商务职业技能鉴定；
2. 理解电子商务和传统商务的区别和联系；理解电子商务实现的基本技术；
3. 掌握电子商务的基本类型；制作简单的静态网店。

技能目标

1. 具备区分电子商务和传统商务的能力；
2. 学会区分各种类型网站的特点。

世界互联网大会（World Internet Conference），是由中华人民共和国倡导并举办的世界性互联网盛会，旨在搭建中国与世界互联互通的国际平台和国际互联网共享共治的中国平台，让各国在争议中求共识，在共识中谋合作，在合作中创共赢。自2014年至今，大会已连续在中国浙江乌镇成功举办五届，每场均有1 500余名来自政府、国际组织、企业、研究机构及民间社群等领域的重要嘉宾出席。

第一届世界互联网大会于2014年11月19日至21日在浙江省嘉兴市桐乡市乌镇举行。其主题是“互联互通、共享共治”。

第五届世界互联网大会于2018年11月7日至9日在浙江省嘉兴市桐乡市乌镇举行。以“创造互信共治的数字世界——携手共建网络空间命运共同体”为主题。

（了解更多精彩内容，请扫描二维码或访问世界互联网大会新闻官方网页：http：//www.wicwuzhen.cn/）

1.1 电子商务概述

1.1.1 电子商务的概念

电子商务的概念在1993年被引入中国。1996年中国出现了第一笔网上交易。1998年以推动国民经济信息化为目标的企业间电子商务示范项目开始启动。自1999年以来，电子商务在中国开始了由概念向实践的转变，电子商务在中国取得了良好的发展。

电子商务是指利用电脑网络（Internet/Intranet/Extranet）在有关各方之间进行商务或业务信息的交换和处理，完成日常商务和业务活动的一种新方法、新手段、新技术。虽然电话、传真等电子设备也是商务活动的常用手段，但电子商务特指以电脑网络为依托进行的各种商务活动和有关活动，包括网上商品或服务的提供者、消费者、广告商、中间商等有关各方的行为总和。

电子商务划分为广义和狭义的电子商务。广义的电子商务强调使用各种电子工具从事商务活动；狭义的电子商务强调主要利用Internet从事商务活动。无论是广义的还是狭义的电子商务的概念，都涵盖了两个方面：一是离不开互联网这个平台，没有了网络，就不能称为电子商务；二是通过互联网完成的是一种商务活动。

狭义上讲，电子商务（Electronic Commerce，EC）是指通过使用互联网等电子工具（包括电报、电话、广播、电视、传真、计算机、计算机网络、移动通信等）在全球范围内进行的商务贸易活动。其是以计算机网络为基础所进行的各种商务活动，包括商品和服务的提供者、广告商、消费者、中间商等有关各方行为的总和。人们一般理解的电子商务是指狭义上的电子商务。

广义上讲，电子商务一词源自于Electronic Business，是指利用简单快捷、低成本的方式，在买卖双方不谋面的情况下，所进行的商务贸易活动。

读一读

《2017年中国电子商务报告》显示，2017年中国电子商务交易规模继续扩大并保持高速增长态势。全年实现电子商务交易额29.16万亿元，同比增长11.7%；实现网上零售额7.18万亿元，同比增长32.2%；跨境电商进出口商品总额902.4亿元，同比增长80.6%；网购用户规模达5.33亿，同比增长14.3%；非银行支付机构在线支付金额达143.26万亿元，同比增长44.32%；快递业务量累计完成400.6亿件，同比增长28%；电子商务直接从业人员和间接带动就业达4 250万人。2018年，中国电子商务仍保持较快增长，电子商务优势进一步扩大，网络零售规模全球最大，产业创新活力世界领先。2015—2020年中国电子商务交易规模及预测如图1-1所示。

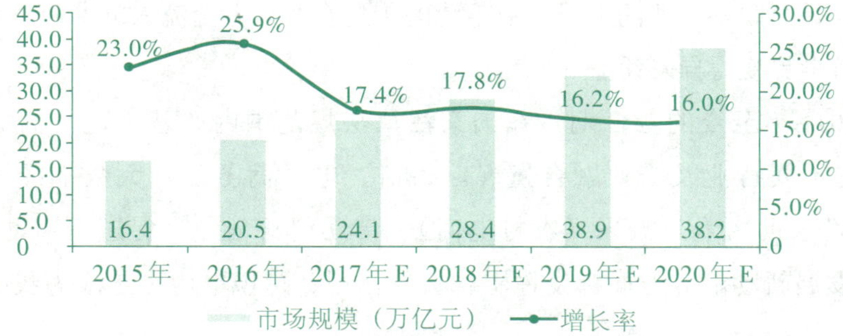

图1-1 2015—2020年中国电子商务交易规模及预测数据（来源：中商产业研究院整理）

想一想 什么是电子商务？谈一谈电子商务对你的学习和生活有什么影响。

1.1.2 电子商务的产生和发展

电子商务最早产生于20世纪60年代，发展于90年代。其产生和发展的重要条件主要是以下几个方面：

（1）计算机的广泛使用为电子商务的应用提供了基础。

（2）互联网的普及和成熟为电子商务的发展提供了应用条件。

（3）信用卡的普及为电子商务中的网上支付提供了重要手段。

（4）政府的支持与推动为电子商务的发展提供了有力的支持。

美国是互联网的发源地，也是电子商务应用最发达的国家，目前仍占全球电子商务交易额的一半以上。自1992年美国政府取消互联网商业应用的限制后，电子商务推广与因特网扩张互为因果、互相促进，形成良性循环，在政府的鼓励和促进下，电子商务迅速推广普及。

我国电子商务的发展起步较晚，大致经历了以下几个阶段：

（1）1999—2002年的萌芽阶段。这个阶段中国的网民数量比起今天实在是少得可怜，根据2000年年中公布的统计数据，中国网民仅1 000万。而且这个阶段，网民的网络生活方式还仅仅停留于收发电子邮件和浏览新闻。网民未成熟，市场未成熟。这个阶段要发展电子商务难度相当大。

（2）2003—2006年的高速增长阶段。这个阶段大批的网民逐步接受了网络购物的生活方式，而且其规模还在高速扩张；众多的中小型企业从B2B电子商务中获得了订单，获得了销售机会，“网商”的概念深入商家之心。电子商务基础环境不断成熟，物流、支付、诚信瓶颈得到基本解决，在B2B、B2C、C2C领域里，有不少网络商家迅速成长，积累了大量的电子商务运营管理经验和资金。

(3) 2007—2010年的纵深发展阶段。这个阶段最明显的特征就是，电子商务已经不仅仅是互联网企业的天下，数不清的传统企业和资金流入电子商务领域，使得电子商务世界变得异彩纷呈。

(4) 2011年至今的融合期。在国家法律法规范围内，基于电子商务、互联网+领域的不同行业及产业融合发展。目前，电子商务在壮大数字经济、共建“一带一路”、助力乡村振兴（农村电商）、带动创新创业、促进新旧动能转换、培育经济发展新动能等方面都发挥了积极的作用，跨境电商更是成为我国外贸的新增长点。

1.1.3 电子商务的特点

从电子商务的含义及发展历程可以看出，电子商务具有如下基本特征：

1）虚拟化

通过互联网进行的贸易活动，贸易双方从贸易磋商、签订合同到支付等，不用当面进行，均可通过计算机在互联网上完成，整个交易完全虚拟化。

2）效率高

电子商务克服了传统贸易方式的费用高、易出错、处理速度慢等缺点，极大地缩短了交易时间，使整个交易非常快捷与方便。

3）整体性

电子商务能够规范事务处理的工作流程，将人工操作和电子信息处理集成为一个不可分割的整体，这样不仅能提高人力和物力的利用率，也可以提高系统运行的严密性。

4）安全性

在电子商务中，安全性是一个至关重要的核心问题，它要求网络能提供一种端到端的安全解决方案，如加密机制、签名机制、安全管理、存取控制、防火墙、防病毒保护等，这与传统的商务活动有着很大的不同。

5）协调性

电子商务活动需要客户与公司内部、生产商、批发商、零售商间的协调；在电子商务环境中，要求银行、配送中心、通信、技术服务等多个部门的通力协作。电子商务的全过程往往需要各部门、多环节的相互协调。

1.1.4 电子商务的类型

1）按照交易对象分类

按照交易对象分类，电子商务可以分为以下三种类型。

（1）企业与消费者之间的电子商务，即B2C（Business to Customer）电子商务，是利用计算机网络使消费者直接参与经济活动的高级形式。目前，在互联网上遍布各种类型的B2C电子商务，提供从鲜花、书籍到计算机、汽车等各种消费商品和服务。

（2）企业与企业之间的电子商务，即B2B（Business to Business）电子商务，是指企业与企业之间通过互联网进行产品、服务及信息交换的电子商务活动。B2B电子商务模式是当前电子商务模式中份额最大、最具操作性、最易成功的模式。

（3）企业与政府方面的电子商务，即B2G（Business to Government）电子商务，是政府的电子商务行为，不以营利为目的，主要包括政府采购、网上报关、报税等，对整个电子商务行业不会产生大的影响。其特点是速度快和信息量大。由于活动在网上完成，使得企业可以随时随地了解政府的动向，还能减少中间环节的时间延误和费用，提高政府办公的公开性与透明度。

2）按照商务活动内容分类

按照商务活动的内容分类，电子商务主要包括两类商业活动：一是间接电子商务，即有形货物的电子订货，它仍然需要利用传统渠道（如邮政服务和商业快递车）送货；二是直接电子商务，即无形货物和服务，如计算机软件、娱乐内容的联机订购、付款和交付以及全球规模的信息服务。

3）按照使用网络类型分类

根据使用网络类型的不同，电子商务目前主要有三种形式：第一种形式是EDI（Electronic Data Interchange，电子数据交换）商务；第二种形式是互联网（Internet）商务；第三种形式是内联网（Intranet）商务。互联网商务、EDI商务和内联网商务的关系可以用图1-2表示。

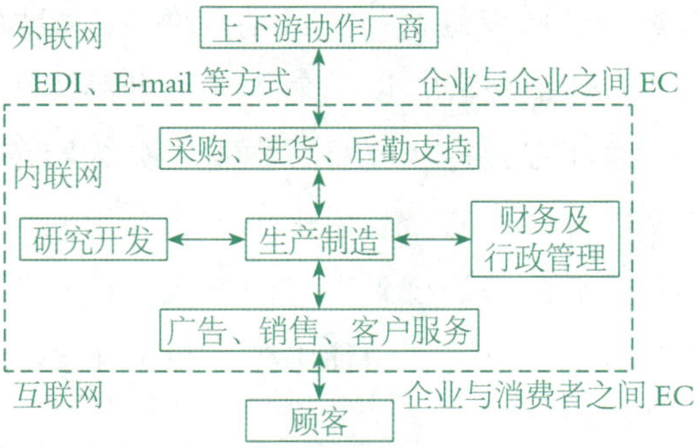

图1-2 互联网商务、EDI商务和内联网商务的关系

1.1.5 电子商务发展新业态

1）农村电子商务

农村电子商务是指通过网络平台融合互联网、计算机、多媒体等现代信息技

术，为从事涉农领域的生产经营主体提供在网上完成产品或服务的销售、购买和电子支付等业务交易的过程。农村电子商务依托于互联网经济的新模式、新业态、新产品、新技术，正在深层次改变着农村、农业和农民的生产生活方式，拓展了农村发展新领域，开创了农民就业新渠道，受到越来越多的关注。将农村商品通过互联网卖出去，解决农产品上行问题，是农村电子商务的核心内容，也是农业供给侧结构性改革的重要途径。农村电子商务的快速发展，使极具地方特色的农产品插上“电商翅膀”卖向全国，也让广大农民享受着电商促产业转型发展带来的红利。

农村电子商务是农村生产、流通和消费与现代互联网信息技术结合而产生的一种新兴业态，是促进农业转型、农村发展、农民增收的重要手段，也是精准扶贫的重要载体，蕴含着重大的战略机遇和广阔的发展空间。

截至2018年6月，我国农村网民占比为26.3%，规模为2.11亿；全国农产品网络零售额达2 436.6亿元，同比增长53.3%。据阿里巴巴统计，2017年，全国24个省、直辖市、自治区共有242个“淘宝镇”，较上年的135个增长79%。“淘宝村”总计达2 118个，较上年的1 311个增长62%；全国“淘宝村”开设的活跃网店已超过49万个，带动直接就业机会超过130万个。

2）跨境电子商务

跨境电子商务是指分属不同关境的交易主体，通过电子商务平台达成交易、进行支付结算，并通过跨境物流送达商品、完成交易的一种国际商业活动。从交易模式看，分为企业对企业（即B2B）和企业对消费者（即B2C）的贸易模式。B2B模式下，企业运用电子商务以广告和信息发布为主，成交和通关流程基本在线下完成，本质上仍属传统贸易，已纳入海关一般贸易统计。B2C模式下，我国企业直接面对国外消费者，以销售个人消费品为主，物流方面主要采用航空小包、邮寄、快递等方式；从贸易方向看，分为跨境进口电商和跨境出口电商。跨境进口电商是将海外的产品引进中国，为国内消费者所消费。目前国内大多数跨境进口电商平台都是自采自营的方式，比拼供应链。跨境出口电商是将中国品牌、中国制造引出去，销往国外，目前主要以自建平台及第三方平台入驻为主。

海关统计显示，2017年中国海关验放的跨境电子商务零售进出口额为902.4亿元，同比增长80.6%，其中出口为336.5亿元，进口为565.9亿元，同比分别增长了41.3%和120%。跨境电子商务成为我国外贸的新增长点。

1.2 电子商务与网络创业

网络创业就是一种以互联网作为载体的创业形式。其主要形式为经营网站和网店。众所周知，互联网的进入门槛是很低的。同样，依附于互联网的电子商务进入的门槛自然也不高。电子商务进入门槛低，使众多的创业者或创业团队有了实现梦想的平台，越来越多的创业者在发现网络市场的巨大潜力后，开始选择电子商务作为创业的方向。网店创业就是一种典型的模式，只要有货源，懂网店的基本操作，就可以开张营业；而现在风行的“一件代发货”的加盟模式，更省去了库存风险。正是由于网上开店对资金投入、人员投入的要求极低，因此网络创业——网店创业这一模式备受追捧，已成为一种趋势、新的潮流，不少白领、学生、家庭主妇等纷纷开了网店。

1.2.1 网络创业的优势

（1）投入少。与开实体店相比较，网络开店可以省去租门面和存货的资金。如果做的项目不是很大，初期所需的资金也不多。

（2）人员组成简单。创业初期一个人就可以包揽所有职务，不需要为聘请员工而承担人工费用。

（3）经营灵活。首先，经营时间不受限制，每年365天、每天24小时都可以经营；其次，经营什么业务、什么商品，开展什么项目可以及时调整。经营规模不受限制，可以发布上万种商品信息。

（4）顾客没有地域限制。网上商店所面向的是全国乃至全球的消费者，这个市场是实体店无法企及的。

1.2.2 网络创业应具备的条件

（1）学好相关学科知识。网络创业者应具备电子商务、计算机网络、计算机硬件、网络营销等知识。只有学习好学校开设的相关知识，才能满足在创业时对知识的需求，才能提高自身的创业能力。

（2）培养良好的职业道德。网络创业需要诚信经营，建立良好的信誉非常重要。

（3）关注新动向、把握机会。随时了解产品生产或服务的新情况，了解市场需求的变化，提高对市场的应变能力。

（4）有承担风险的心理素质。任何投资都存在风险，网络创业同样是机遇和风险、成功和失败并存。

（5）要有信心和激情，对自己的事业充满信心，要专注，有耐心。平时要加强学习，阅读有关书籍，提高经商能力。

1.3 电子商务实现的技术基础

1.3.1 计算机网络概述

1）计算机网络的定义

计算机网络是指由通信设备（如调制解调器、网卡等）和通信线路（如电话线、电缆、卫星设备等）构架成的，按照共同的网络协议，连接多台地理位置分散、具有独立功能的计算机，以实现计算机之间的数据通信和资源共享的系统。

2）计算机网络的特点

（1）网络中的计算机是独立运行的。

（2）网络的作用是实现通信和资源共享。

（3）连接计算机之间的通信线路可以是无线的，也可以是有线的。

（4）计算机之间依靠共同的网络协议实现通信。

3）计算机网络的分类

从网络的分布范围上划分，可以把计算机网络分为以下几种形式：

（1）局域网（Local Area Network，LAN）。局域网的分布范围一般在几千米以内，最大距离一般不超过10千米，它是一个部门或单位组建的网络。

（2）城域网（Metropolitan Area Network，MAN）。城域网原本指的是介于局域网和广域网之间的一种大范围的网络。

（3）广域网（Wide Area Network，WAN）。广域网也称远程网，一般跨越城市、地区、国家甚至洲。它往往以连接不同地域的大型主机系统或局域网为目的，工作范围在几十千米到几千千米数量级之间，如同一个国家、同一个洲，甚至全球。

4）TCP/IP协议集

在计算机网络中使用的TCP/IP协议集，不仅包含了大家比较熟悉的TCP/IP协议，即传输控制协议TCP（Transmission Control Protocol）和网际协议IP（Internet Protocol），还包括UDP（User Datagram Protocol）协议、ICMP（Internet Control Message Protocol）协议和其他一些协议等。TCP/IP协议集在计算机网络领域中占有非常重要的地位。TCP/IP协议集如图1-3所示。

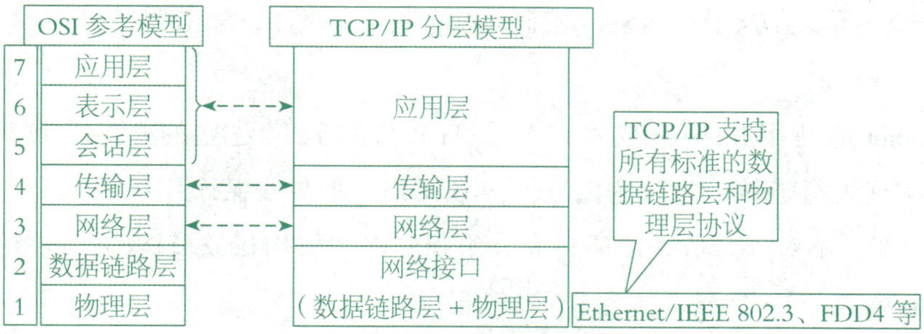

图 1-3 TCP/IP 协议集

传输控制协议TCP：保证数据传输工作都正确。

网际协议IP：传输数据包从A地到B地。

5）Internet

Internet就是全球范围内计算机互联网络，也称为“互联网”或“因特网”。

（1）IP地址。IP地址是一种能在网络中唯一识别某一台计算机或网络设备的标识，由32位二进制数构成。

（2）域名管理系统DNS。域名管理系统DNS采用的是层次结构，最右边的部分为高级域或顶层域，一般为国家地区代码或者机构性质代码，最左边的则是这台主机的机器名称，从右到左级别递减，不同层次之间用“.”分隔。表1-1为国际标准化顶级域名表。

表1-1 **国际标准化顶级域名表**

域 名	类 别	域 名	类 别
.com	工、商、金融等企业	.biz	工商企业
.edu	教育机构	.int	国际组织
.gov	政府组织	.org	非营利性组织
.mil	军事部门	.info	信息相关机构
.net	网络相关机构	.name	个人网站
.coop	合作组织	.aero	航空运输
.pro	医生、律师、会计专用	.museum	博物馆

（3）统一资源定位器。统一资源定位器（Uniform Resource Locator，URL）地址是一个格式化的字符串，在该字符串中包含了服务器的地址、文件的位置等定位信息，因此人们也称它为“网址”。URL地址由五部分组成，其一般形式为：

<协议名称>：//<用户名>：<密码>@<主机>：<端口>/<url路径>

6）Intranet

Intranet是利用Internet技术，基于TCP/IP协议集建立的企业内联网，能与Internet实现无缝连接，也称为内联网。该网络一般处于某个组织（如企事业单位、公司）内部，不对外开放，一般只允许组织的内部机构和成员访问，也就是说它是一种专用网络。

7）Extranet

Extranet是指采用Internet技术建立的企业外联网，也称为外特网，它是Intranet的延伸，使用范围从企业内部扩大到特定的企业外部，将企业的客户和其他合作单位（如银行、运输等）一起连入了该网络，使其能与企业进行更好的交互式合作。

8）Internet的应用

（1）万维网WWW：超文本标记语言HTML。

（2）电子邮件E-mail：SMTP、MIME、POP3协议。

（3）新闻讨论组Usenet：BBS。

（4）文件传输FTP：允许Internet上的用户将一台计算机上的文件传输到另一台上，用户可以使用Internet上众多的匿名FTP服务器。

（5）远程登录Telnet。

9）互联网接入方式

互联网接入方式有：①拨号上网；②ISDN；③ADSL；④专线接入（DDN）；⑤局域网接入；⑥有线电视电缆接入；⑦光纤接入；⑧无线接入。

1.3.2 电子商务网站运行平台构建

1）电子商务的硬件平台

（1）服务器。

Web服务器：提供页面访问服务；

DNS服务器：提供域名解析服务；

FTP服务器：提供远程维护服务；

E-mail服务器：提供邮件服务；

数据库服务器：提供后台数据库查询服务。

（2）网络连接设备：网内连接设备（如网卡、集线器、交换机、中继器等）和网间连接设备（如网桥、路由器、网关等）。

2）电子商务的软件平台

（1）网络操作系统（Windows系列、Unix、Linux等）。

（2）Web服务器软件（Microsoft IIS等）。

（3）其他相关软件（防火墙、数据库软件等）。

3）电子商务网站建设的一般流程

（1）确定网站建设目标。对于一个成功的电子商务网站来说，最基本的一条衡量标准就是“网站必须能吸引目标用户，并因此为企业带来利润”。

（2）注册域名。域名是企业在因特网上的商标，也是企业在因特网上的“门牌号码”。

（3）建设网站平台。任何公司，无论是自己拥有独立的服务器，还是租用虚拟主机，如果想进行电子商务，就要选择某种网络操作系统，在Web服务器上建设网络化的内外平台，设置自己的WWW发布系统、FTP系统、电子邮件系统等。

（4）规划网站的内容并制作网页。一个网站的内容包括很多方面，但总的来说可以分为静态内容、动态内容以及网站的访问者信息等。

（5）网站的测试。主要测试内容有：服务器稳定性及安全性测试，程序及数据库测试，网页兼容性的测试，浏览器、显示器测试，以及根据需要进行的其他测试。

（6）网站的宣传和推广。利用各种方式及时宣传自己的网站。

（7）维护及更新网站。更新网站内容包括不断充实原有的内容，在原有内容的基础上补充新元素，如开辟新的栏目、增加新的服务以及增加更多的互动元素，这样可以使网络发挥更大的作用，从而吸引更多的用户。

1.3.3 网页制作软件Dreamweaver介绍

Dreamweaver是Macromedia公司出品的一款“所见即所得”的网页编辑工具，是一款有着多年历史和良好口碑的可视化网页编辑工具。其最大的优点就是所见即所得，对网页标准化支持十分到位，同时它还支持网站管理，包括HTML检查、HTML格式控制、HTML格式化选项、图像编辑、全局查找替换、全FTP功能、处理Flash等富媒体格式和动态HTML，还支持ASP、JSP、PHP、ASP.NET、XML等程序语言的编写与调试。Dreamweaver是可视化的网页制作工具，很容易上手，可以让人们轻松制作自己的网页。

Dreamweaver的特点：

1）最佳的制作效率

Dreamweaver可以快速地将Fireworks、FreeHand或Photoshop等档案移至网页

上。使用检色吸管工具选择荧幕上的颜色可设定最接近的网页安全色。对于选单、快捷键与格式控制，都只要一个简单步骤便可完成。

2）方便的网站管理

使用网站地图可以快速制作网站雏形，设计、更新和重组网页，改变网页位置或档案名称，Dreamweaver会自动更新所有链接。

3）无可比拟的控制能力

Dreamweaver是唯一提供Roundtrip HTML、视觉化编辑与原始码编辑同步的设计工具。它包含HomeSite和BBEdit等主流文字编辑器。帧（Frames）和表格的制作速度快得令人无法想象。

1.3.4 数据库技术基础

1）数据库技术的定义

数据库是指以一定的结构存储在计算机外部存储器上的相关数据集合。这里的“数据”是指所有计算机系统能够处理的对象，包括文字、图像、声音等。而数据库技术就是专门研究数据的存储和数据库的管理的一门技术，就是人们俗称的数据库系统。

例如，日常生活中，公司记录了每个员工的姓名、地址、电话、工号等信息，这个员工记录就是一个简单的“数据库”。员工的姓名、工号、性别等信息就是这个数据库中的“数据”，人们可以在这个“数据库”中添加新员工的信息，也可以由于某个员工的离职或联系方式变动而删除或修改数据。

2）数据库系统的特点

（1）数据结构化。

（2）数据冗余度小、共享性大。

（3）数据独立性好，不依赖于应用程序。

（4）数据安全性好。

3）几种常用数据库系统

（1）Oracle数据库系统。

（2）DB2数据库系统。

（3）Sybase数据库系统。

（4）MS SQL Server 数据库系统。

应用与示范

用Dreamweaver制作简单的商品描述页面。

页面样本如图1-4所示。

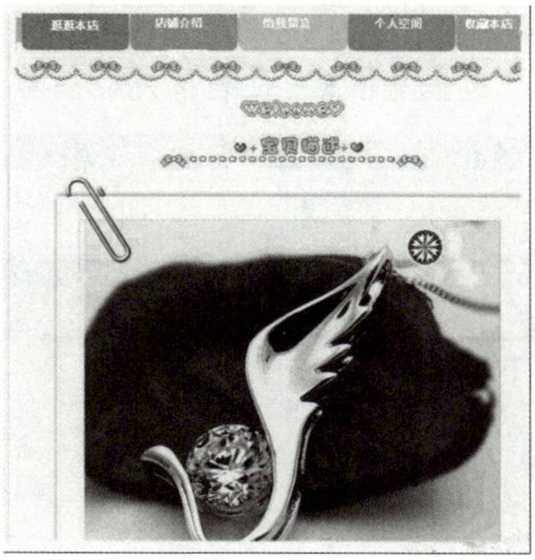

图1-4 页面样本

步骤一：打开Dreamweaver并新建一个HTML文件，新建文件如图1-5所示。

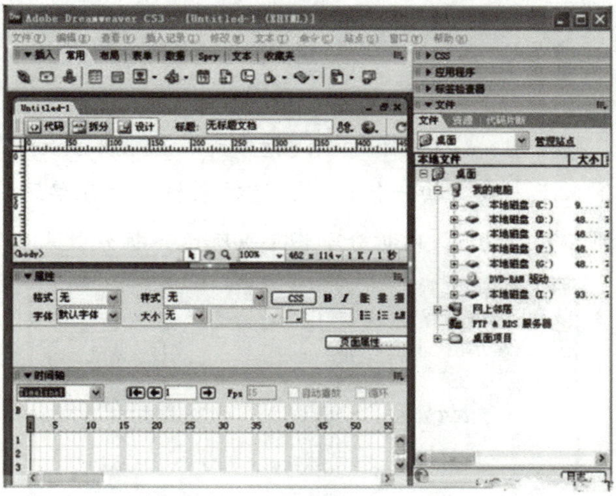

图1-5 新建文件

步骤二：再点建立表格按钮，弹出表格选项卡对话框，如图1-6所示。

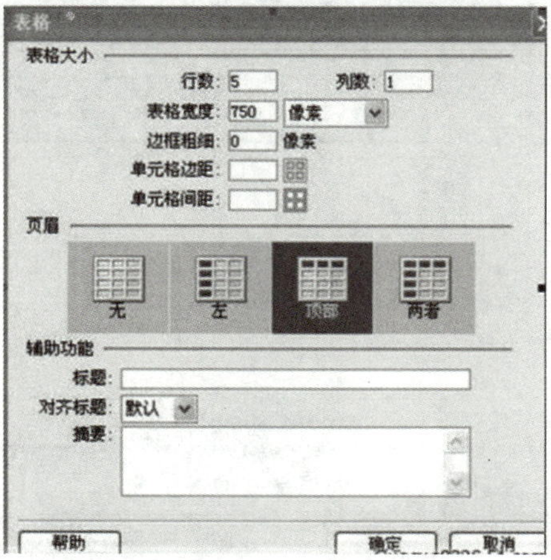

图1-6 表格选项卡对话框

步骤三：这里列数选1列，行数则依需要而定（这里选5行），表格宽度这里选择像素，一般选750像素，边框为0像素。表格效果如图1-7所示。

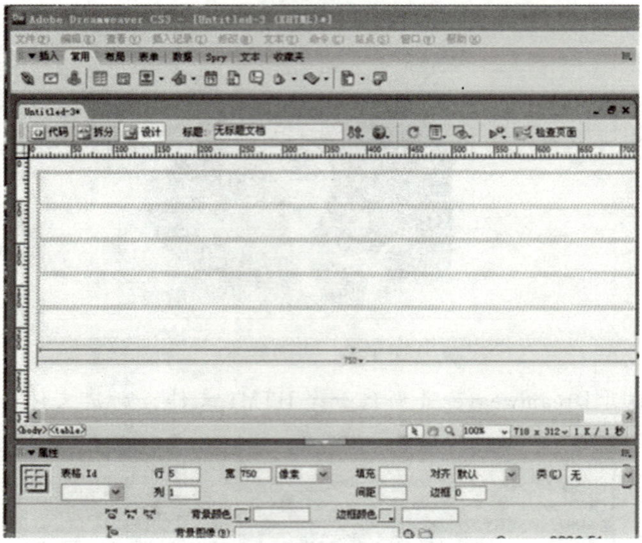

图1-7　表格效果

步骤四：接下来点击最上面一行内部，选择表格→拆分单元格，出现拆分单元格对话框，选择列，列数为5，列拆分如图1-8所示，拆分效果如图1-9所示。

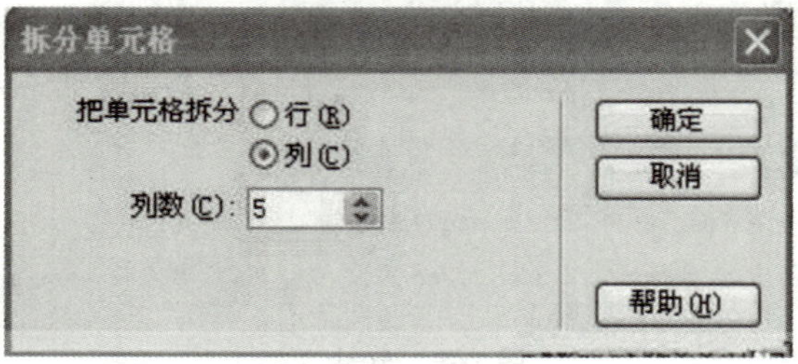

图1-8　列拆分

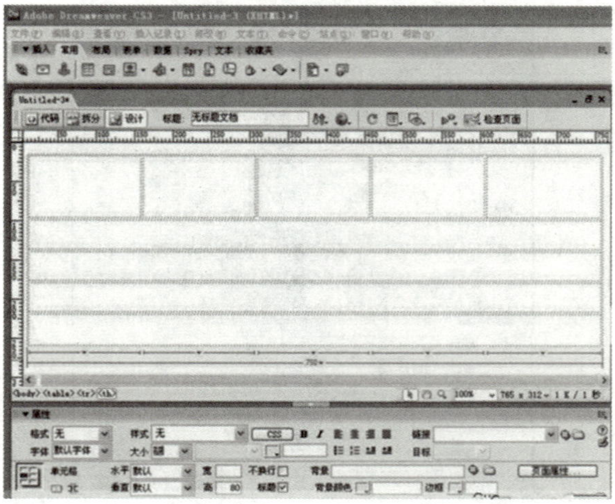

图1-9　拆分效果

步骤五：鼠标左键点击一下第一个单元格内部，再选择插入记录→图像（这里选取的图是第一张“逛逛本店”的网络图片）。选择图片如图1-10所示。

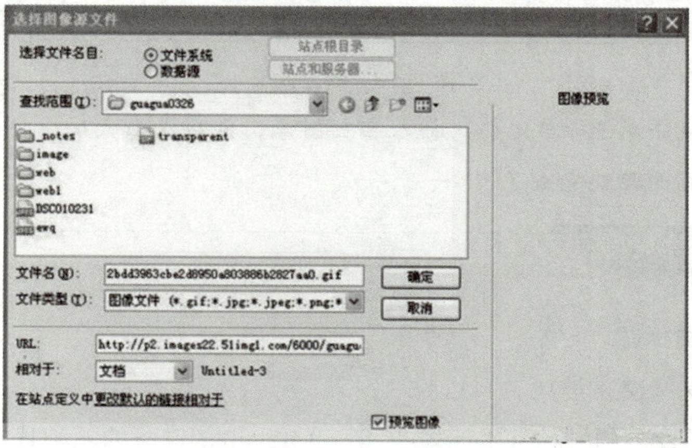

图1-10 选择图片

步骤六：点选图像看属性面板，可以根据需要选择图片的宽和高，以防止图像过大。这里设置宽为166、高为56，再看右边的源文件就是我们图片的网址。重点是下面的链接一栏，就是点击这张图片所能到达的网页。因为第一张图片是“逛逛本店”，就可以在这一栏输入自己的店铺地址。边框为0，绝对居中。设置图片属性如图1-11所示。

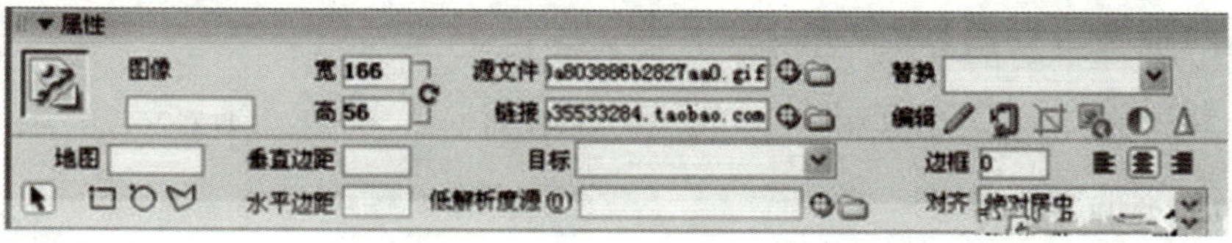

图1-11 设置图片属性

步骤七：可以按F12预览一下。点一下图片看会不会跳转到你的店铺首页，如果跳转，恭喜你，成功了。后面4张图片依此类推。预览效果如图1-12所示。

图1-12 预览效果

步骤八：通过上述步骤，我们已经学会了最主要的链接内容。下面可以来描述宝贝了，点击第2个单元格，插入准备好的图片。同样是插入记录→图像→把图像网址输入URL中，如图1-11所示，选择绝对居中或边框旁边的居中按钮中间一个。按F12预览一下，预览效果如图1-13所示。

图1-13 预览效果

步骤九：点击第3行单元格，插入宝贝图像，最后点击代码。把代码复制后粘贴到淘宝设计页面里就完成了。

检测与巩固

一、单项选择题

1.企业间网络交易是（　　）。

A.B2C电子商务的一种基本形式　　B.B2B电子商务的一种基本形式

C.B2G电子商务的一种基本形式　　D.C2C电子商务的一种基本形式

2.关于TCP/IP协议的说法正确的是（　　）。

A.TCP是传输控制协议，IP是网际协议

B.TCP是网际协议，IP是传输控制协议

C.TCP是互联控制协议，IP是传输协议

D.TCP是传输协议，IP是互联控制协议

3.作为电子商务的主流，大宗的交易多属于（　　）。

A.B2C　　B.B2B　　C.B2G　　D.G2C

4.路由器的英文是（　　）。

A.route　　B.hub　　C.modem　　D.cable modem

5.关于电子商务的描述，不是说明电子商务优势的是（　　）。

A.减少运营成本，显著降低收费

B.覆盖面广，拥有全球市场

C.用户购买的任何产品都只能通过人工送达，采用计算机技术用户无法收到其购买的产品

D.全天营业

6.关于域名的说法不正确的是（　　）。

A.域名是Internet计算机上的IP地址的一种表示形式

B.域名和IP地址存在映射关系

C.DNS是完成映射的域名系统

D.完成“地址→名字”映射的过程叫正向解析

7.HTML网页文本区是（　　）。

A.<html> ~ </html>之间的部分

B.<body> ~ </body>之间的部分

C.<ul> ~ </ul>之间的部分

D.<head> ~ </head>之间的部分

二、多项选择题

1.电子商务按参与对象的不同，基本上分为（　　）。

A.企业对消费者的电子商务

B.企业对企业的电子商务

C.企业对政府的电子商务

D.政府对消费者的电子商务

E.消费者对消费者的电子商务

2.电子商务按网络类型基本上分为（　　）等类型。

A.EDI（电子数据交换）商务

B.Internet（国际互联网）商务

C.Intranet（企业内部网）商务

D.Extranet（企业外部网）商务

3.电子商务系统一般由（　　）组成。

A.客户　　B.供货方　　C.银行

D.认证中心　　E.销售中　　F.配送中心

4.Internet上计算机的IP地址的表示形式为（　　）。

A.IP地址　　B.域名　　C.网络地址　　D.主机地址

三、判断题

1.电子商务简称EC。（　　）

2.电子数据交换可简写为EDI。（　　）

四、简答题

1.电子商务的概念和特点是什么？

2.网络创业的含义是什么？其优势有哪些？

训练与提高

◆训练目标

能够使用Dreamweaver软件的简单功能。

◆训练内容

1. 电子商务网店静态网页的制作。

2. 各种电子商务经营类型网站的区分。

◆训练方法

上机实操及书面练习。

◆训练要求与建议

（1）上网收集网页制作相关素材，如图片、文字说明、音乐、背景等；

（2）制作简单的店铺主页；

（3）进行班级教学成果展示和评比；

（4）区分并按要求填表（见表1-2）。

表1-2 **不同电商类型的网站举例及特点表**

电商类型	网站举例	特　点
B2B		
B2C		
B2G		

评价与建议

评价与建议表见表1-3。

表1-3 **评价与建议表**

项　目	能独立完成	合作完成	继续学习	意见和建议
基本概念和知识				
了解电子商务员职业鉴定的方式				
区分各种形式电子商务				
制作简单的网络商店主页				

注：在符合自己情况的单元格内打“√”或“×”，也可以填“是”或“否”。

第2章

电子商务盈利模式

学习目标

知识目标

1. 了解电子商务盈利模式的含义、特点及类型；
2. 了解电子商务盈利的新模式；
3. 掌握常规电子商务网站交易流程。

技能目标

1. 会区分不同类型电子商务的盈利模式；
2. 能识别B2B、B2C和C2C电子商务网站的盈利模式。

近年来，电子商务蓬勃发展，成为促进我国经济转型升级的重要力量。经企业自主申报、专家评议、网站公示，100家企业被遴选为商务部2013—2014年度电子商务示范企业。这些企业在模式创新、业务管理、技术应用、市场开拓、社会贡献等方面积累了一些好的经验。为发挥示范企业的引领带动作用，商务部会同地方商务主管部门编写了示范企业典型案例，旨在通过剖析示范企业在上述一个或几个方面的具体做法，供有意于开展电子商务应用的企业学习借鉴，供关心电子商务发展的各界人士和机构研究使用，供商务系统领导了解电商企业发展现状和制定政策时参阅。

（了解更多精彩内容，请扫描二维码或访问商务部电子商务和信息化司网页：http：//dzsws.mofcom.gov.cn/anli/index.html）

2.1 电子商务盈利模式概述

2.1.1 电子商务盈利模式的概念

盈利模式是企业的利润来源、产生过程和产出形式。盈利模式关注的是“如何或通过什么方式赚钱”。营销模式是为了把产品卖出去，而盈利模式是为了把钱赚回来。

电子商务盈利模式是指实施电子商务的企业如何利用网络获得收入和利润。目前电子商务盈利模式有收取会员费、收取广告费、收取竞价广告费、收取摊位费、收取物流费、收取仓储费、收取加工费等，比如阿里巴巴 B2B 盈利模式主要就是收取会员费。

2.1.2 电子商务盈利模式的特点

1）创新性

企业电子商务需要在实践中发掘，并能在激烈的市场竞争中寻找新的盈利点，因此电子商务盈利模式具有创新性。

2）差异性

由于各企业性质不同、资源不同、经营管理方式不同，其盈利模式各具特色，因此企业盈利模式的差异性能够为其创造竞争优势。

3）适应性

企业的盈利模式要和企业的资源相适应，盈利模式应该是企业资源的有机结合，企业要通过不断调整和反馈以找到最佳契合点，充分利用和发挥资源的集体优势。

4）持续性

成功的电子商务盈利模式应该有稳定的根基，有持续的盈利能力和良好的前景，因此，电子商务盈利模式具有持续性。

2.1.3 电子商务盈利模式的分类

（1）根据电子商务的功能划分，电子商务盈利模式分为：产品销售（表现为一条产业链中上下游企业之间供应、采购活动的网络化，通过降低库存、采购成本和管理成本，从而获取更大的盈利空间）、服务销售（如网络游戏、在线音乐、在线电影等）。

（2）根据价值链划分，电子商务盈利模式分为：电子商店、电子采购、电子商城、电子拍卖、虚拟社区、协作平台、第三方交易市场、信息中介等。

（3）其他的分类还包括：经济模式、广告模式、批发商模式、制造商模式、会员模式、社区模式、订阅模式、效用模式等。

读一读

腾讯公司于1998年11月在深圳成立，是中国最早也是目前中国市场上最大的互联网即时通信软件开发商。1999年2月，腾讯正式推出第一个即时通信软件——“腾讯QQ”，并于2004年6月16日在香港联交所主板上市（股票代号00700）。目前腾讯业务横跨即时通信、网络游戏、社交网络、互联网增值服务等领域，收入来源多样，各项业务稳健快速增长，2018年上半年总收入1 472亿元，同比增长39%。从免费基础服务到各种收费增值业务、从广告收益到品牌收益、从独立运营到业务合作，腾讯的盈利模式逐步清晰，在即时通信市场腾讯公司形成了多个盈利点：互联网及增值业务、移动及电信增值业务、广告业务、网络游戏、品牌授权，其中前三项是主要的利润支柱。

想一想 网上商店除了销售商品外还可以通过哪些方式盈利？

2.2 电子商务盈利模式分析

2.2.1 网站的盈利模式分析

（1）网上目录盈利模式：邮寄目录及网上销售，收入来源有销售产品、B2B网上商店、制造商的直销，适用产品有计算机、图书音像制品、奢侈品、服装。

（2）数字内容盈利模式：通过网络来销售数字产品，收入来源主要是订阅费。

（3）广告支付盈利模式：提供免费网上内容、咨询，收入来源主要为广告收入。

（4）交易费用盈利模式：也可以称为中介模式或者经纪商模式，依赖交易费用来实现盈利，应用领域有拍卖交易佣金、旅行社行业、证券经纪公司、票务、在线银行、金融、汽车销售、房地产经纪。

（5）服务费用盈利模式：提供在线服务收费，比如淘宝、阿里巴巴。收入来源有会员服务、搜索引擎排名服务、竞价排名服务、在线服务、网络游戏、电子邮箱、在线音乐。

2.2.2 不同类型电子商务的盈利模式分析

1）B2B电子商务的盈利模式

B2B电子商务是电子商务的主流，也是企业面对激烈的市场竞争，改善竞争条件、建立竞争优势的主要方法。国内知名的B2B网站有阿里巴巴、慧聪网等。目前B2B盈利模式的主要方式有：

（1）广告收入。其包括：文字广告（关键字、文字链接、资讯文章嵌入不同颜色文字）、图片广告、动态广告（Flash等）、广告联盟（分享投放知名网站上的广告）、邮件广告、商业调查投放等。

（2）搜索服务。其包括：关键词竞价排名（指客户通过搜索关键词得到的排名）、热点词汇直达商铺或企业网站等。

（3）自有产品销售。其包括：中国供应商、诚信通、网站会员等级、企业建站。

（4）交易。其包括：交易佣金、支付服务、网上业务中介、网上拍卖、威客悬赏、物流服务等。

（5）增值服务。其包括：客户留言、前沿资讯短信服务和邮件服务、高级商友俱乐部收费服务和线下服务、优秀博客文章查阅服务、下载电子杂志、行业发展报告、网站数据分析报告、专家在线资讯服务。

（6）线下服务。其包括：网络营销策划、培训、展会、行业商会、研讨会、高峰论坛、团购等。

（7）商务合作。其包括：政府、行业协会、网站等的合作，如广告联盟、媒体合作、企业合作等。

2）B2C电子商务的盈利模式

一般来说，B2C电子商务企业主要通过以下几个方面获得盈利：

（1）销售本行业产品。通过网络平台销售自己生产的产品或加盟厂商的产品。商品制造企业主要是通过这种模式扩大销售，从而获取更大的利润，如海尔电子商务网站。

（2）销售衍生产品，即销售与本行业相关的产品。

（3）产品租赁，即提供租赁服务。

（4）拍卖，即拍卖产品收取中间费用。

（5）销售平台，即接收客户在线订单，收取交易中介费。

（6）特许加盟。运用该模式，一方面可以迅速扩大规模，另一方面可以收取一定加盟费。

（7）会员，即收取注册会员的会费。大多数电子商务企业都把收取会员费作为一种主要的盈利模式。

（8）上网服务，即为行业内企业提供相关服务。

（9）信息发布，即发布供求信息、企业咨询等。

（10）广告，即为企业发布广告。目前广告收益几乎是所有电子商务企业的主要盈利来源。这种模式成功与否的关键是其网页能否吸引大量的广告，能否吸引广大消费者的注意。

(11) 咨询服务，即为业内厂商提供咨询服务，收取服务费。

3) C2C电子商务的盈利模式

C2C网站盈利模式有：

(1) 会员费。会员费也就是会员制服务收费，是指C2C网站为会员提供网上店铺出租、公司认证、产品信息推荐等多种服务组合而收取的费用。由于提供的是多种服务的有效组合，比较能适应会员的需求，因此这种模式的收费比较稳定。

(2) 交易提成。交易提成不论什么时候都是C2C网站的主要利润来源。因为C2C网站是一个交易平台，它为交易双方提供机会，就相当于现实生活中的交易所、大卖场，从交易中收取提成是其市场本性的体现。

(3) 广告费。企业将网站上有价值的位置用于放置各类型广告，根据网站流量和网站人群精度标定广告位价格，然后再通过各种形式向客户出售。

(4) 搜索排名竞价。C2C网站商品的丰富性决定了购买者搜索行为的频繁性。搜索的大量应用就决定了商品信息在搜索结果中排名的重要性，由此便引出了根据搜索关键字竞价的业务。

(5) 支付环节收费。支付问题一向是制约电子商务发展的瓶颈，直到阿里巴巴推出了支付宝才在一定程度上促进了网上在线支付业务的开展。买家可以先把预付款通过网上银行打到支付公司的个人专用账户，待收到卖家发出的货物后，再通知支付公司把货款打入卖家账户，这样买家不用担心收不到货还要付款，卖家也不用担心发了货而收不到款，而支付公司就按成交额的一定比例收取手续费。

2.2.3 新型电子商务网站盈利模式

1) Web2.0服务盈利模式

Web2.0是指利用Web的平台，由用户主导而生成的内容互联网产品模式，为了区别传统的由网站雇员主导生成的内容而定义为第二代互联网，即Web2.0。其包括博客、SNS、MashUP。艾瑞咨询监测数据显示，博客、社区、网络视频等Web2.0服务已经成为中国网民上网的主要应用之一。其提供移动博客业务、广告博客业务、中介博客业务和游戏博客业务，收入来源包括广告收入、无线增值服务以及向博客用户提供服务和应用程序收取服务费。

2) O2O (Online to Offline) 的盈利模式

其通过商品直销（以“团购”的名义直接在网站上发布商品信息进行直接销售）、活动回扣（网站作为商家与买家的中间桥梁，组织有共同需求的买家向商家集体采购，事后商家向网站支付利润回报）、商家展会（网站向商家收取展位费获得收益）、广告服务和分站加盟等方式盈利。

3）微信盈利模式

①微信VIP：是针对普通微信用户的增值服务，好比QQ会员，每月收取功能使用费。②LBS推荐：推送相关生活服务信息以及与商家分成收取广告费。③APP应用：随着用户对微信的认可以及将微信融入日常生活中，收费应用的出现是双方需求的必然结果。④客户关系管理。⑤搜索引擎，流量引导。⑥广告位展示：微信开启页、首页最上端banner栏、朋友圈最上端图文广告、好友（企业）推荐等形式，拍卖广告资源，实现盈利。

2.3 电子商务网站的交易流程

2.3.1 B2C网站交易流程

B2C电子商务的交易流程大致可以分为用户注册、选购商品、支付结算和物流配送四个过程。首先是新用户的注册，然后用户登录到电子商务网站，进行商品选购并选择送货方式和支付方式，最后由商家送货，消费者收货后验收，从而完成交易。

1）用户注册

消费者在开始网络购物前，必须先进行新用户注册。新用户注册时一般要输入以下一些信息：（1）登录名；（2）登录密码；（3）验证密码；（4）用户姓名；（5）送货地址；（6）送货电话；（7）电子邮箱。

2）选购商品

用户注册好以后就可以开始选购商品，对于购买目标明确的用户，可以利用网站提供的查询功能来选购商品。

3）支付结算

当消费者在网上完成商品选购以后，电子商务网站就会显示消费者选购的所有商品的明细，包括商品的编号、名称、规格、单价、数量等，同时网页还会显示本次选购的商品的总金额，这时候消费者单击“支付结算”就可以进入网上支付流程。在B2C电子商务模式中，消费者可选择的支付方式主要有如下几种：（1）货到付款；（2）汇款方式；（3）网上银行支付；（4）第三方支付。

4）物流配送

在B2C电子商务模式下，网上商品选购完成后，还必须通过物流配送环节将网上选购的商品送到消费者手上。由于物流配送环节是阻碍网上商店发展的一个主要的瓶颈，电子商务网站在成立之初就应把逐步完善网络物流配送放到首要的位置。

B2C网上购物流程图如图2-1所示。

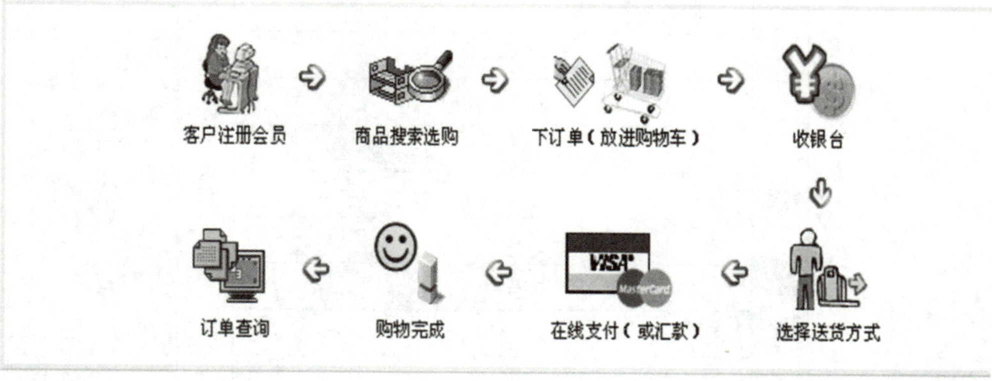

图2-1 B2C网上购物流程图

2.3.2 B2B网站交易流程

企业对企业（B2B）电子商务也称为eB2B（电子化B2B），其是通过因特网、外联网、内联网或者私有网络，以电子化方式在企业间进行的交易。这种交易可能是在企业及其供应链成员间进行的，也可能是在企业和其他企业间进行的。

交易流程如下：

第一步，客户向供货商订货，双方进行询价、报价并发出“采购订单”，该订单应包括产品名称、数量等一系列有关产品信息。

第二步，供应商收到“采购订单”后，根据“采购订单”的要求查询产品情况，发出“订单查询”。

第三步，在收到并审核完“订单查询”后，给客户返回“订单查询”的回复。基本上是有无货物等情况。

第四步，供应商在确认能够满足客户“采购订单”要求的情况下，向运输商发出有关货物运输情况的“运输查询”。

第五步，运输商在收到“运输查询”后，给供应商返回运输查询的回复。如：有无能力完成运输及有关运输的日期、线路、方式等要求。

第六步，在确认运输无问题后，供应商即刻给客户的“采购订单”一个满意的回答，同时要给客户发出“发货通知”，并通知运输商运输。

第七步，运输商接到“运输通知”后开始发货。客户向支付网关发出“付款通知”，支付网关和银行结算票据等。

第八步，支付网关向供应商发出交易成功的“转账通知”。

B2B网站交易流程图如图2-2所示。

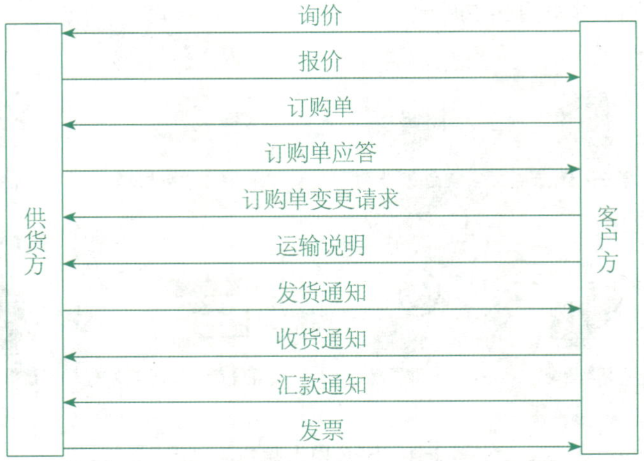

图 2-2 B2B 网站交易流程图

2.3.3 C2C 网站交易流程

C2C 电子商务是指消费者与消费者通过互联网开展的一切商务活动，这些商务活动主要是个人交易，也包括其他的一些网络活动，如信息搜索、社区交流等。

买家交易流程：第一步是搜索商品，第二步是联络卖家，第三步是出价和付款，第四步是收货和评价。买家交易流程图如图 2-3 所示。

图 2-3 买家交易流程图

卖家交易流程：第一步是申请认证，第二步是开设店铺和发布商品，第三步是等待商品出售，第四步是处理成交后的事务。在此流程中，卖家的认证是交易的基础，也是事后评价的基础，如图 2-4 所示。

图 2-4 卖家交易流程图

检测与巩固

一、单项选择题

1. 电子商务盈利模式是（　　）。

A. 如何把产品卖出去　　B. 如何把钱赚回来

C.生产产品的方式　　D.宣传产品的方式

2.阿里巴巴B2B盈利模式主要就是收取（　　）。

A.广告费　　B.摊位费

C.会员费　　D.物流费

3.销售产品是（　　）的收入来源。

A.数字内容盈利模式　　B.广告支付盈利模式

C.服务费用盈利模式　　D.网上目录盈利模式

二、多项选择题

1.C2C电子商务网站的盈利模式有（　　）。

A.搜索排名竞价　　B.广告费

C.产品租赁　　D.会员费

E.咨询服务

2.根据电子商务的功能划分，电子商务的盈利模式有（　　）。

A.电子商店　　B.电子采购

C.广告模式　　D.产品销售

E.服务销售

三、简答题

1.什么是电子商务盈利模式?

2.电子商务盈利模式有何特点?

训练与提高

◆训练目标

（1）应用本章的基础知识，分析和判断各种电子商务盈利模式。

（2）提高学生应用电子商务网站进行实际操作的能力，包括选择商品、购物、查询、使用帮助等的能力。

◆训练内容

（1）了解电子商务网站盈利模式的种类。

（2）到亚马逊（http：//www.amazon.cn/）购物，了解网上购物的基本流程。

◆实训方法

1）分组

根据教学班的情况进行分组（2~3人一组），上网浏览阿里巴巴、腾讯网、淘宝网、百度，填写表2-1。

表 2-1 **各网站盈利模式表**

网站名称	盈利模式
阿里巴巴	
腾讯网	
淘宝网	
百度	

2）步骤

进入亚马逊（http：//www.amazon.cn）主页，点击会员注册，申请一个新的账号。

（1）浏览商家商品，购买图书，选定了要购买的书或其他商品后，点击“购物车”按钮，把该商品放入购物车。

（2）详细购物说明参见商家的购物指南帮助信息。在选购过程中可随时查看你的购物车，将不想购买的商品从购物车中删除。

（3）确认订购的商品。当不再选购时，可下订单，在订单上注明将此货物在什么时间送到什么地方以及交给何人等信息。订单信息通过电子商务服务器与有关商店联系并立即得到应答，你可以看到所购货物的相关信息。

（4）选择支付方式，输入支付密码，完成支付。

（5）有关软件开始与商家交换支付信息，并通过商家与银行支付网关交换支付信息。在这段时间里可以查看交易状态。交易状态有四种，分别是：成功、订单接收、订单拒绝和未完成。

评价与建议

评价与建议表见表 2-2。

表 2-2 **评价与建议表**

项　目	能独立完成	合作完成	继续学习	意见和建议
基本概念和知识				
识别各种网站的盈利模式				
区分盈利模式的种类				
网络购物的基本流程				

注：在符合自己情况的单元格内打“√”或“×”，也可以填“是”或“否”。

第3章

网上开店

学习目标

知识目标

1. 了解网上开店的概念及优势；
2. 了解常用的几种开店形式及特点；
3. 掌握网上开店的基本步骤和流程。

技能目标

1. 能够因地制宜地选择符合自己资源优势的开店形式；
2. 能够在淘宝等常见中介平台开设简单的网店。

淘宝网致力于推动“货真价实、物美价廉、按需定制”网货的普及，帮助更多的消费者享用海量且丰富的网货，获得更高的生活品质；通过提供网络销售平台等基础性服务，帮助更多的企业开拓市场、建立品牌，实现产业升级；帮助更多心怀梦想的人通过网络实现创业就业。新商业文明下的淘宝网，正走在创造1 000万个就业岗位目标的路上。为方便卖家顺利开店，淘宝网设立了服务中心，解答卖家所遇到的与开店有关的问题。

（了解更多精彩内容，请访问淘宝网服务中心：https：//consumerservice.taobao.com/）

3.1 网上开店的概念和种类

3.1.1 网上开店的概念

网上开店就是把现实世界中的店铺搬到互联网信息平台上。网店作为电子商务的一种形式，能够让人们在浏览的同时进行实际购买，并且通过各种支付手段进行支付，完成交易全过程。

电子商务主要有三种模式，即B2B（企业对企业）、B2C（企业对个人）、C2C（个人对个人）。企业对企业的电子商务平台比较典型的有阿里巴巴等；企业对个人的网店比较典型的有京东商城、当当网等。本章主要介绍的是个人对个人的网店，目前个人开网店大多数都是使用淘宝、易趣等第三方平台，自己制作电子商务站点技术含量较大，且前期投入巨大，不适合新手开店，比较适用于有开店经验的人或是专业人士。

读一读

一个偶然的机会，管小伟看见一个同事在淘宝网上开了家服装店，收入还不错，于是萌生了开网店的念头。父母都是老实巴交的农民，不懂电子商务，觉得这无异于天方夜谭，对他的想法无法理解。2008年8月，管小伟背着父母向堂哥借了4 000元钱，买了一台笔记本电脑和一部相机，在广州开启了他的淘宝创业之路。

只有初中文化的他创业路走得很艰难。网站注册后，卖什么产品呢？没有资金进货，就托朋友，拿来他们厂里库存的小包来卖；没钱买其他照相器材，就在墙壁上面挂一张白纸拍照。慢慢业务熟练以后，又出现了新的问题。由于管小伟没有找到一款合适的特色产品，定位也不够准确，所以生意一直做不大。有一次，弟弟从老家带了一些黄花菜来广州，管小伟灵机一动，这不就是自己冥思苦想的特色产品吗？他家年产黄花菜干就有4 000多斤，全县黄花菜种植面积达到16万亩，菜农达40万人，总产量超过全国的一半，是国家命名的“黄花菜原产地”和全国最大的黄花菜种植基地，每年出产黄花菜干约30万吨，占国内市场总额的80%。于是，他从广州回到老家，通过网络销售起黄花菜来。

如何突出自己网店的特色呢？管小伟总结出以下几点：一是尽量在网上展示黄花菜原产地的实地照片和黄花菜的营养知识；二是将黄花菜从采摘到加工的整个过程拍下来，展示给买家看，让他们了解整个流程，并保证黄花菜的质量；三是做好服务并加强与买家和网友交流，在网上征集黄花菜谱，供大家参考和交流。

通过不断努力，管小伟每年除了卖完自己家里的黄花菜之外，现在还要从其他农户家购进，才能保证货源。每年12月是销售旺季，最多一天卖了1万元，网上最多每天有10多万浏览量，每年收入比做一个普通农民，不知要强多少倍。

想一想 什么是网上开店？网上如何开店？

3.1.2 网上开店的优势

同传统实体店相比，网上开店的优势非常明显，主要表现在以下几方面：

1）投资少，经营成本低

一项针对中国中小企业的调查显示，个人在网下启动销售公司的平均费用至少5万元，而网上开店建店成本非常低。网上开店与实体店铺相比，不仅可以大大节省开店成本，而且可以根据顾客的订单进货，不会因为存货占用大量资金。此外，网店经营主要是通过网络进行，不需要专人时时看守，可以省下房租、雇工费、水电费等各类杂费，这样初期投资成本自然就非常低。传统商店的进货资金少则几千元，多则数万元，而网上商店完全可以在有了订单的情况下再去进货，网店经营的资金压力相对较小。

2）经营方式灵活

网店的经营者是借助互联网进行经营，经营者可以全职经营，也可以兼职经营，网店不需要专人时时看守，营业时间也比较灵活，只要对浏览者的咨询给予及时回复就可以不影响经营。网上商店存货很少，随时都可以更换品种，或者改行做别的生意，进退自如。

3）不受营业时间、空间、营业面积等因素的限制

网上商店延长了商店的营业时间，一天24小时、一年365天不停地运作，不用专人值班看店，都可照常营业。

传统商店有多大就只能摆放多少商品，生意大小常常被店面限制。在网上，哪怕只是街边小店，都可以拥有相当于百货大楼那么大的店面，只要投资者愿意，可以摆上成千上万种商品。

4）潜在客户范围非常广泛

由于实体商店具有一定的地域性，因此其辐射范围及潜在顾客群也是十分有限的。但是网店是开在互联网上，不管客户离店有多远，都可以很方便地找到，因此从理论上讲，只要是上网的人群都有可能成为商品的浏览者与潜在购买者，这个范围可以是全国的网民，甚至全球的网民，其完全突破了地域的限制。因此，只要网店的商品有特色，宣传得当、价格合理、经营得法，那么海量的访问与一个接一个的成交机会，绝对是可以期待的。

3.1.3 网上开店的种类

1）根据是否拥有独立的网站来划分

根据是否拥有独立的网站来划分，网上开店可以有以下三种方式：

（1）利用专业的大型网站平台开店。目前网上许多大型的B2C、C2C网站都为个人提供开设网店的平台和服务，用户在综合考虑网站平台的人气是否旺盛、网上交易是否顺利、网上收费情况等之后，选择适合自己的平台，注册成为其会员，即可申请开设网店。这种开店方式，相当于网下在大的商场租用一个店铺或柜台，借助大商场的人气和设施做生意，开店的前期技术投入很少。

目前中国提供网上开店服务的大型网站有很多，其中真正具有实力并已经积累了一定人气的C2C网站主要有淘宝网（http：//www.taobao.com）、拼多多（https：//www.pinduoduo.com）、微店（https：//d.weidian.com/）等，此外，近几年一些B2C网站也开始提供个人网上开店服务，主要有当当网（http：//www.dangdang.com）和亚马逊（http：//www.amazon.cn）等。淘宝网、拼多多网、微店官网首页如图3-1、图3-2、图3-3所示。

图3-1 淘宝网首页

（2）创建个性化的个人网店。个性化网上店铺通常以一个顶级域名做网址，不挂靠在大型网站下，一般是经营者自己亲手创办或是委托专人开发设计。网店的经营与大型网购平台没有直接关系，完全依靠经营者个人的宣传吸引浏览者进入网店。

个性化的个人网店主要有两种创建方式。一是完全根据商品销售的需要进行个性化设计并创建独立网站，需要进行域名注册、空间租用、网页设计、程序开发等

图3-2 拼多多网首页

图3-3 微店官网首页

一系列工作，费用较高，但个性化突出。二是向一些网络公司购买自助式网站模板创建自己的网店，操作简单、费用低，但缺乏个性化。

这类网店类似于街边的小店，如何吸引消费者进入自己的网店，完全依靠店主自己的宣传和推广。

（3）将以上两种方式相结合开店。这是指既在大型网站上开设网店，又有独立的商品销售网站。经常有一些个人网店在创业前期先在大型购物网站平台上租用店铺，经营一段时间后，生意做大做好了，便投入资金创建自己的个性独立网站，两者结合，销售效果相当不错。当然这种方式投入会非常高。

2）根据投入网店经营的时间划分

根据投入网店经营的时间划分，可以分为全职经营网店和兼职经营网店。

（1）全职经营网店。经营者将网上开店作为一份职业，将全部精力都投入到网店的经营中，经营者以网上店铺为唯一收入来源。全职经营由于投入时间充足、活动自由，可以获得最大的收益，但是需要承担一定的风险。

（2）兼职经营网店。经营者将经营网店作为自己的副业，如在校学生利用课余时间经营网店，或者是在职人员利用工作之余开设网店，以增加收入，网店是获利的次要来源。兼职经营相对于全职经营，投入的时间精力少，获得的收益也少，但是风险较小。

此外，还可以以网店与实体店相结合的方式经营网店，除了有实体店的货源支持外，在商品价格和销售技巧方面都有很大的优势，并且能够取得消费者的认可和信任。

选择全职还是兼职的形式经营网店，要综合考虑以下各方面因素：

（1）经验。网上开店到底还是经商，所以是否有过从商经历和经验非常重要。有过从商经历可以更好地进行成本核算，并对市场风险进行合理评估，全职经营者如果以前开过实体店，则更易在网店经营中上手；如无从商经验，建议先兼职经营，待有了一定经验后再全职经营。

（2）资金。同实体店相比，网店由于不需要太多的库存商品，所以所需资金不多，但至少也需要一定的启动资金。如果行情好、局面打开、销售量不断扩大，对资金的需求量也会逐步增加。全职经营网店根据经营的商品种类及进价情况，需要的资金量会比兼职经营网店多。

（3）货源。货源在很大程度上决定了网店是否能够成功，以及能否持久发展下去。所以全职开店的经营者应该拥有当地特色或个性化的货源，或是有长久合作关系的较稳定的货源；对兼职经营者则要求不高，可以做网上加盟或是卖二手商品等。

（4）时间。网上购物的高峰期是下午2点到5点，晚上8点到11点。经营者要保证高峰期自己有时间上网，且白天有发货时间。

（5）其他。经营者还要考虑到自己的上网条件、物流条件、个人能力等。对于全职经营者来说，应具备较优的网络设备和上网速度，而网络使用技术和网店知识比较缺乏的经营者可以参加有针对性的培训和网上课堂的学习。

3.2 网上开店的基本条件和步骤

3.2.1 网上开店的基本条件

网上开店的最大好处就是不需要太多的资金，只要具备一些基本的硬件和软件就可以了。

1）网上开店的硬件要求

（1）一台计算机。配置中等，性能稳定即可，硬盘存储容量足够大，以便能存储客户资料及网店数据。

（2）宽带网络。网速要快且稳定，如果网速慢不仅效率打折，还会由于网速过慢出现图片传送超时而失败的情况。

（3）数码相机。数码相机是网店的基本设备。网店上所有的商品都是通过图片的形式向客户展示的，因此，拥有一台数码相机不仅能够将商品多角度地展现在客户面前，还能使客户更加直观地感受和了解商品，激发其购买欲望。网店经营者在选购数码相机时，要根据自己销售的商品来选择，建议购买300万像素以上的数码相机。如果销售的是手工艺品或是其他对照片清晰度要求较高的商品，则要选择像素更高的数码相机了。

（4）手机。与客户保持良好的沟通是网店成功的重要因素之一，而网络联系由于受限于电脑，有些复杂问题也需要电话联系来解决。固定电话不具备随时联络的特性，所以最好拥有一部手机，以便随时与客户取得联系，增加成交机会。

计算机、数码相机、手机如图3-4所示。

图3-4 计算机、数码相机、手机

如果是全职经营的专业型卖家，最好还要具备一个办公地址，以及办公用固定电话、传真机、打印机等相关设备。

2）网上开店的软件要求

（1）电子邮箱。电子邮件是因特网上应用最广泛的服务，方便快捷、免费或收费低廉、易于保存、全球通用。电子邮箱不仅是卖家注册网店的必备工具，也是和用户沟通需要的一个软件。电子邮件可以传递文字、图片、声音等各种信息，用户无论何时何地都可以通过网络收发邮件，不受时空限制，大大提高工作效率。电子邮箱有免费和收费两种，如果准备长期经营网店，最好申请收费邮箱，这类邮箱往往服务更好、更专业。常见的邮箱有126网易邮箱、新浪邮箱等。网上注册邮箱很简单，登录相关网站，按照向导提示输入相关信息即可。还可以通过已有的QQ号开通免费邮箱。QQ邮箱登录界面如图3-5所示。

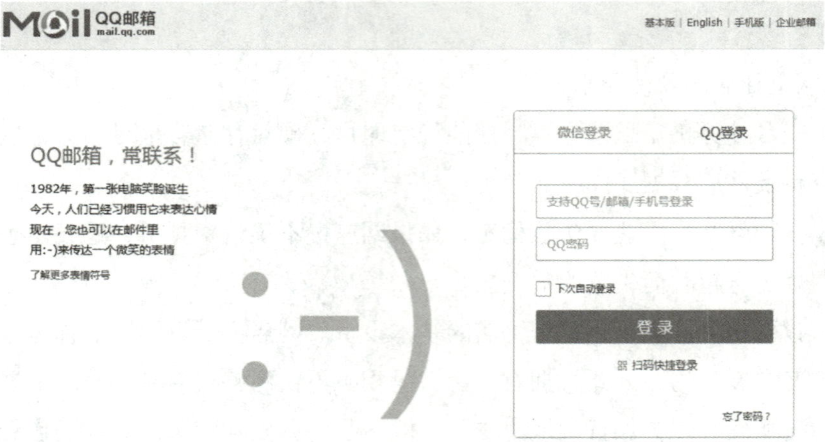

图3-5　QQ邮箱登录界面

（2）网上通信软件。网上开店大多数情况下是通过网上通信工具与客户进行联系和沟通的，网上即时通信不可或缺。目前常用的通信工具（聊天软件）主要有腾讯QQ、微信，以及交易平台提供的沟通软件，如淘宝网提供的阿里旺旺、亲淘千牛等。阿里旺旺平台、千牛工作台管理界面如图3-6所示。阿里旺旺是最常见、最基本的聊天工具；千牛分工作台和旺旺模式，千牛旺旺模式就是阿里旺旺的聊天功能，工作台融合了淘宝网PC端卖家版的改价、上架、发货、查看数据、促销设置等功能，后期熟练之后可以使用千牛，更加方便。

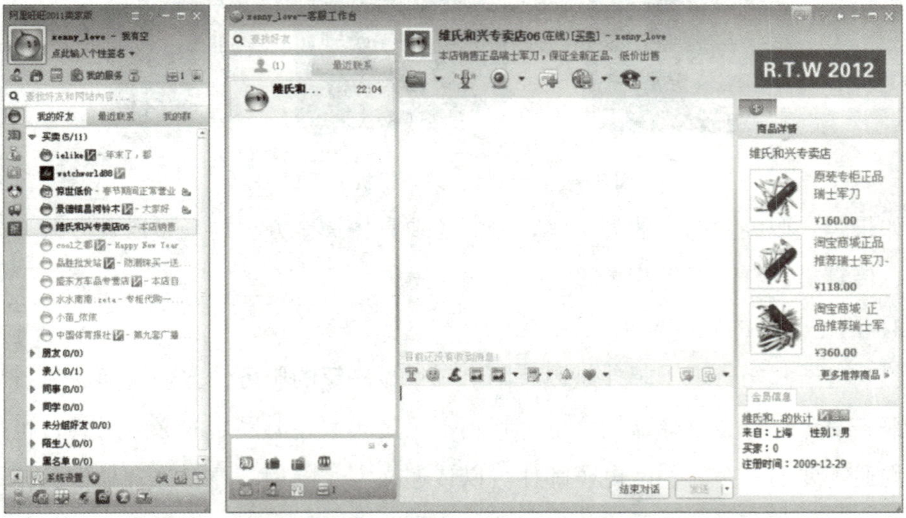

图3-6　网上通信软件

（3）图片处理软件。网店经营者尤其是非专业摄影者，给商品拍的图片质量一般很难达到要求，往往需要通过图片处理软件进行后期处理后才能以最美观的状态呈现给客户，所以图片处理软件也是需要经常使用的。现在市面上的图片处理软件很多，比较简单实用的如光影魔术手，操作简单易学，可以满足一些图片处理的基本需要。但为了达到更好的效果，还是建议学习Photoshop，这是目前应用最为广泛的图片处理软件之一，功能十分强大。使用Photoshop编辑商品图片如图3-7（a）所示。在开店初期，如果觉得Photoshop比较难上手，可以先学习美图淘淘，这是一款适用于淘宝的比较简单的图片处理软件。使用美图淘淘编辑商品图片如图3-7（b）所示。

（a）使用Photoshop编辑商品图片

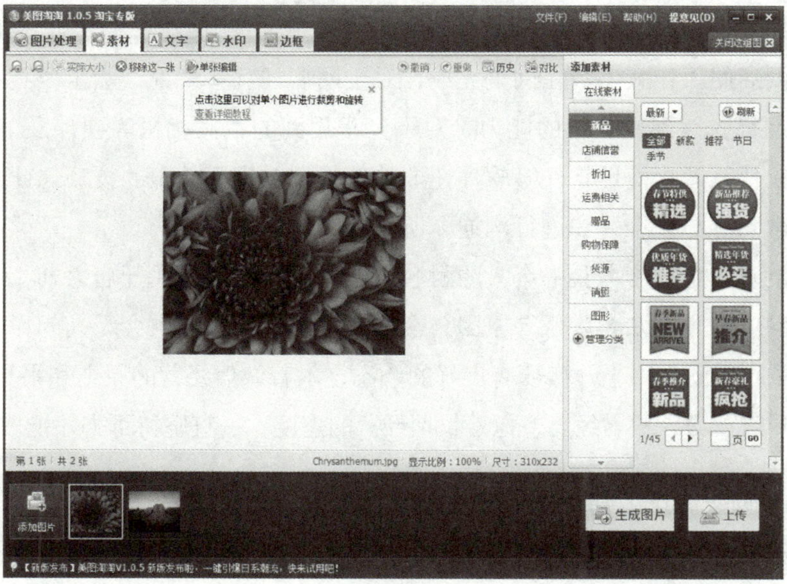

（b）使用美图淘淘编辑商品图片

图3-7 图片处理软件

（4）文字处理软件。网店经营者还需要编辑一些文案，这就要用到文字处理软件了。目前使用最为广泛的是Word，它不仅可以用于编排文档，还可以用于编辑和发送电子邮件、编辑和处理网页等。

（5）网络工具软件。由于网上开店大量工作都要在网上进行，为了提高效率和安全性，熟练使用网络工具软件是十分必要的，包括腾讯电脑管家（如图3-8所示）、360安全卫士、卡巴斯基等安全防护软件，迅雷、QQ旋风等上传下载工具，WinRAR等压缩解压软件。

图3-8　腾讯电脑管家

3）对个人能力和心态的要求

经营网店的工作大多数在网上完成，对于网店经营者来说，除了要具备熟练的计算机和网络软、硬件使用的能力，对于经常用到的数码相机等硬件及电子邮箱、即时通信软件、图片处理软件等软件还要熟练使用并掌握其中的技巧。此外，由于卖家要经常同时与多个客户进行沟通，所以打字速度一定要快。

在网上开店是非常考验一个人的耐心和毅力的，特别是在开店之初，由于卖家经验少，网店信誉、知名度低等原因，网店有可能一段时间内会无人问津，一些人就此放弃了。因此在网上开店要有良好的心态，本着诚信经营的原则和平和的态度，不断学习开店技巧，积累经验，抱着长期经营的态度，一直坚持下去才能取得成功。

3.2.2　网上开店的基本流程和步骤

网上开店的基本流程与传统开店有许多相似之处，主要有售前（考察市场，确定经营什么商品）→网上注册店铺（购物网站注册会员、申请开设网店）→网上经营（进货并发布商品、经营推广、客户沟通服务）→交易（支付与物流）→售后

(服务与评价)。下面对各步骤进行具体说明。

(1)开店前要考察好市场，确定网店经营的商品类别与品种。要选择别人不容易找到的特别的商品，如当地特产、手工艺品或自己有独特进货渠道且有一定市场需求的商品。要有比较充足的、稳定的货源。商品要拍摄并处理成比较清晰、适用于网页浏览的图片，并用专业的文字解释商品的功能特点。

(2)选择比较专业的大型购物平台，如淘宝、拼多多、微店等，注册成为交易平台的用户。大多数交易平台要求用真实姓名，并需要提交身份证等有效证件进行审核验证。会员注册成功后，向网站申请开设网上店铺。要详细填写自己网店所经营的商品分类和关键字，以便让你的目标客户可以准确快速地找到你的网店，个人资料应真实填写，以提高客户对你的信任度。给自己的网店起个比较醒目且有个性的名字，以吸引人气。

(3)网店“架子”搭好后，就可以进行一系列销售活动了。

前期可少量进货。进货渠道可以是当地批发市场、网上批发交易平台等，当然自己制作的手工艺品就不需要找货源了。把每个商品的图片和文字说明等信息发布到网店中。商品的文字说明信息要尽量全面、详细，包括名称、产地、所在地、性质、成分、功能、外观、数量、交易方式等，解释文字要专业，关键字设置要准确全面，以便客户准确搜索到你的商品。价格可以设置底价也可以设置一口价，低的价格可以增加吸引力，但要注意成本利润核算，还要与网上同类商品进行比较，选择一个比较合适的价格。

网购时，由于顾客对实体商品看不见、摸不着，只能看到图片，在决定购买商品之前，顾客很可能需要卖家提供在网上没有提供的信息，他们通常会用即时通信工具软件如QQ、阿里旺旺等向卖家提出问题，卖家应该及时回答。有些客户会反复多次提问，卖家应耐心、专业地解答，消除对方疑虑，促成交易。

(4)商品成交后，卖家应按约定方式尽快给买家发货，买家一般会通过支付宝、财付通等第三方支付平台支付，待收到货验收无误后再确认付款。也有通过信用卡或网上银行直接支付的，卖家应该讲信用，检查商品质量，无误后按时发货。

(5)网店销售完成后，双方都要对对方进行评价。信用是网上交易的重要因素，良好的信用环境需要买卖双方共同营造。如果交易成功，应给予对方好评，并且通过良好的服务获得对方的好评；如果交易失败，特别是对方存在恶意行为，应给予差评，并向网站投诉，想办法挽回损失，并警示他人。如果买家有投诉或差评，要尽快处理，最好与对方取得联系，做好沟通解释工作。对交易成功的客户除了好评外，可以与客户保持联系，回头客是很重要的利润来源。

3.3 网上开店——少数民族特色店

我国是一个多民族聚居的国家，拥有55个少数民族。从我国民族分布图上可以看出，我国的少数民族多分布在东北、西北和西南地区，且以西南地区的少数民族分布最为典型。西南地区不仅少数民族人口众多，而且民族种类也多，在这片土地上集中分布了30多个少数民族。若从单位面积上分布的少数民族密度来看，西南地区的民族密度之高不仅在我国是首屈一指的，在世界上也是绝无仅有的。

由于历史、社会和自然条件等原因，少数民族地区经济发展水平还比较落后。但是，也形成了具有浓厚民族特色的各种特产、手工艺品、饮食文化等。借助电子商务技术的发展，将少数民族地区特色商品进行推广，是继承和发扬民族文化的有效途径。

3.3.1 少数民族地区特色商品简介

民族地区特色商品可谓丰富多彩、琳琅满目，包括各种稀有特种药材、地方特产、手工艺品、服装服饰、特色饮食等，下面仅以广西、云南和贵州的部分商品进行介绍。

1）广西民族特产简介

广西壮族自治区位于我国西南部，是以壮族聚居区为基础的自治区，此外还有苗、瑶、侗、毛南、回等民族。广西大量种植甘蔗，蔗糖及糖产品资源丰富。广西盛产亚热带水果，如香蕉、菠萝、龙眼、荔枝、甘橙等，丰收季节很多水果很便宜。此外，桂林罗汉果、荔浦芋头、阳朔金橘、玉林牛肉巴、沙田柚、巴马香猪、火麻油也享有盛名。

沙田柚：果肉甘甜清脆，可食率高，是每逢佳节很好的水果礼品。其果皮还是美味的家常菜。容县沙田柚如图3-9所示。

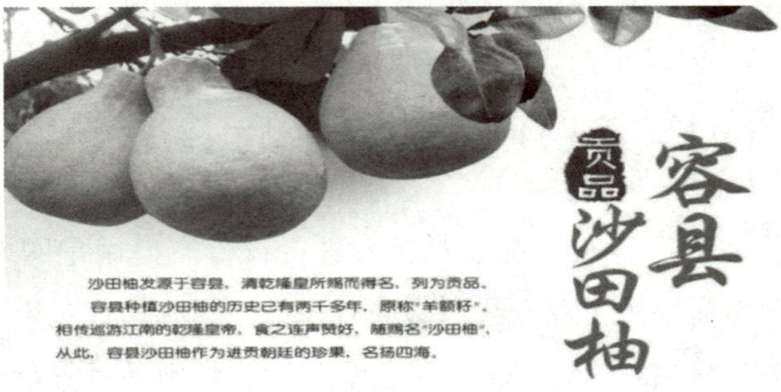

图3-9 容县沙田柚

火麻及火麻油：火麻富含人体所需的多种矿物质元素及维生素，脂肪含量达42.6%，其中不饱和脂肪酸达78.1%。火麻仁含有丰富的蛋白质、不饱和脂肪酸，还含有卵磷脂、亚麻酸、维生素及锌、锰、钙、镁、钾、铁等人体必需的微量元素。常食可润肠胃、助消化，有养心益血之功效，是地道的天然优质绿色食品，因而很受人们的青睐，在每年的广西农产品（上海）展销会上，火麻仁都要卖到每千克40～50元的好价钱。在当今人们崇尚回归自然、推崇绿色保健食品的情况下，火麻及其加工制品受到人们的喜爱。图3-10为巴马火麻仁。

图3-10 巴马火麻仁

罗汉果：有润肺止咳、生津止渴的功效，适用于肺热或肺燥咳嗽、百日咳及暑热伤津口渴等，此外还有润肠通便的功效。现代医学研究证实，罗汉果含有一种比蔗糖甜300倍的甜味素，但它不产生热量，所以是糖尿病、肥胖等不宜吃糖者的理想替代食品。图3-11为永福县罗汉果。

图3-11 永福县罗汉果

荔浦芋头：荔浦芋头是桂林荔浦最有名的特产，可以作主食用，作为配菜的材料主要用于制作扣肉，因电视连续剧《宰相刘罗锅》而闻名全国。图3-12为桂林荔浦芋头。

2）云南手工制品简介

云南省位于祖国西南边陲，是我国少数民族比较多的省份，包括彝族、白族在内共有24个民族。云南少数民族人民心灵手巧，多年来形成了各具特色的手工艺。云南少数民族民间手工艺品类繁多，可分为实用类手工艺、欣赏类手工艺、宗教祭祀类手工艺等。

图3-12　桂林荔浦芋头

最为典型的有彝族的刺绣，其中尤其以楚雄彝族、石林撒尼人的刺绣最为出名；大理白族的大理石工艺品、手工刺绣、扎染、银器制造也很具有代表性。丽江的皮革制品、银器饰品、东巴造纸等，香格里拉藏族的转经筒、天珠等也很有名。西双版纳傣族人民更显勤劳，除了传统的刺绣外，傣锦、筒帕等都非常惹人喜爱。

扎染是白族传统的手工制品，大理扎染如图3-13所示。扎染的制作工艺是：在土布上绘出各色图案，先用线扎起来，然后用板蓝根做成的颜料染制，最后将线拆除，挂起晾干。在有着“扎染之乡”美誉的大理喜州镇周城村，家家户户的庭院里都挂着色彩绚烂的扎染桌布、衣裙、头巾、门帘等。在周城村，家庭式的作坊非常普遍，近年来家家都在搞手工制品并出口到国外，供不应求，去大理游玩的人大都会在周城停车，参观这里的扎染工艺，买上一两件回家。

图3-13　大理扎染

在大理鹤庆县的新华村，这里家家户户以做银器（如图3-14所示）、铜器为生，他们发明的九龙壶、银火锅传到全国各地，作为民族工艺品收藏在博物馆里；他们敲打的银手镯、银戒指戴在各地游客的手上，走到天南海北；他们制作的铜盆、铜锅，在云南丽江市、香格里拉市和西藏自治区随处可见。

图3-14 新华村银器

云南民族民间手工艺，具有悠久的历史、精湛的技艺，创造过许多精品名品，享誉古今。

3）贵州民族服装简介

贵州位于祖国西南部、云贵高原东部，少数民族比较多，拥有黔西南布依族苗族自治州、黔南布依族苗族自治州和黔东南苗族侗族自治州三个自治州。

布依族的传统服饰是男着衣衫，女穿衣裙，妇女衣裙均有蜡染、挑花、刺绣图案装饰。布依族姑娘从小就有制作蜡染的灵气，她们所穿的衣服大都是自己亲手缝制的，合身得体、古朴典雅。姑娘们穿上自制的蜡染裙，由于冰纹和花纹排列和谐完整、层次分明，走起路来富有变化，节奏感和韵律感强。这些工艺与图案的综合运用，再与人体线条统一起来，动静结合，给人以强烈的美的享受。布依族传统服饰如图3-15所示。

图3-15 布依族传统服饰

苗族的民族服装可以用“花衣银装”来描述。女盛装一般下装为百褶裙，上装为缀满银片、银泡、银花的大领胸前交叉式“乌摆”或精镶花边的右衽上衣，外罩缎质绣花或挑花围裙。“乌摆”一般全身镶挑花花块，沿托肩处一般镶菱形挑花花块，无纽扣，以布带、围腰带等束之。盛装颜色为红、黄、绿等暖调色。如果说银饰是苗族女性的代表标志，那么服饰则是苗家人独特的艺术作品。苗族服饰图案承载了传承本民族文化的历史重任，从而具有文字部分的表达功能。由于历史的久远，这些图案所代表的文字功能和传达的特定含义也蒙上了神秘的色彩，无法完全解读，这也是苗族服饰图案所具有的独特魅力。苗族传统服饰如图3-16所示。

图3-16 苗族传统服饰

侗族平时穿着便装，讲求实用，盛装时注重装饰审美，朴素与华贵相得益彰。侗族妇女善织绣，侗锦、侗布、挑花、刺绣等手工艺极富特色。女子穿无领大襟衣，衣襟和袖口镶有精细的马尾绣片，图案以龙凤为主，间以水云纹、花草纹。下着短式百褶裙，脚穿翘头花鞋。发髻上饰环簪、银钗或戴盘龙舞凤的银冠，佩挂多层银项圈和耳坠、手镯、腰坠等饰物。男子服饰为青布包头、立领对襟衣、系腰带，外罩无纽扣短坎肩，下着长裤，裹绑腿，穿草鞋或赤脚，衣襟等处有绣饰。侗族传统服饰如图3-17所示。

图3-17 侗族传统服饰

3.3.2 民族特色网店举例

1）咱家小店

其主营广西地方特色食品及特产，兼营越南进口食品以及少量其他省市特产，信用等级为三冠卖家，网店首页如图3-18所示。

图3-18 “咱家小店”首页

2）贵州苗银苗绣凯里纯手

该店主要经营贵州苗银苗绣凯里纯手工民族服装及饰品。“贵州苗银苗绣凯里纯手”首页如图3-19所示。

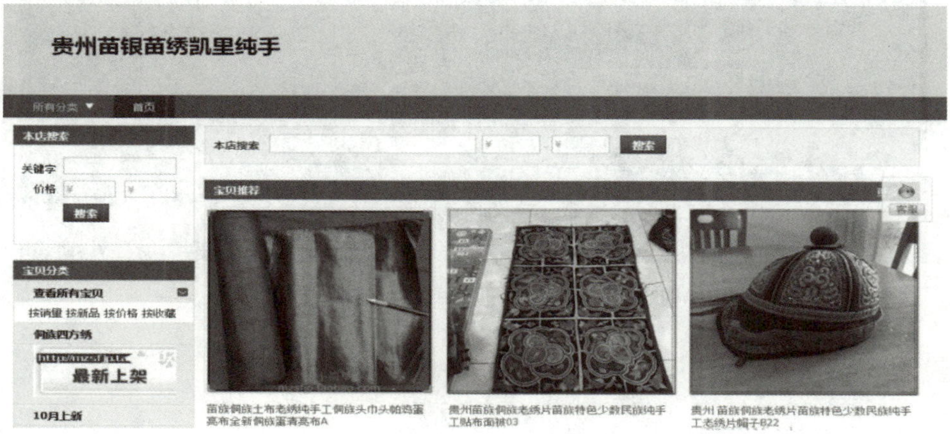

图3-19 “贵州苗银苗绣”首页

3）绣坊主

其经营民族服饰、绣片、绣花帽、绣包、绣杯垫、老绣被面、百褶裙、刺绣背带、刺绣画、围裙、飘带、蜡染等民族手工针绣品。“绣坊主”首页如图3-20所示。

图3-20 “绣坊主”首页

4）书呆子普洱茶品牌店

其主要经营普洱茶，网店首页如图3-21所示。

图3-21 “书呆子普洱茶品牌店”首页

5）古典风情淘宝店

其主要经营古典风格服装，首页如图3-22所示。

3.3.3 淘宝网注册、开店及装修流程

1）淘宝网及支付宝会员注册及实名认证

步骤一：注册淘宝会员。在地址栏输入网址：http：//www.taobao.com，单击首页“免费注册”链接，如图3-23所示。矩形框中所圈两个入口皆可进行注册。

步骤二：阅读用户协议，确认无误后，同意用户协议，如图3-24所示。

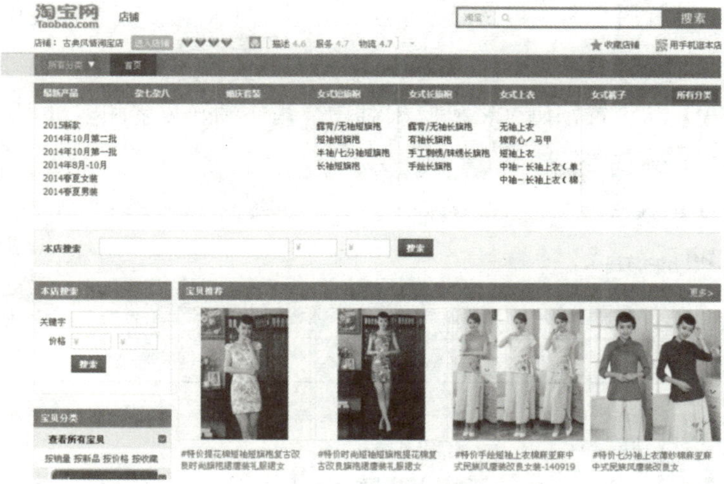

图3-22 “古典风情淘宝店”首页

图3-23 注册淘宝会员

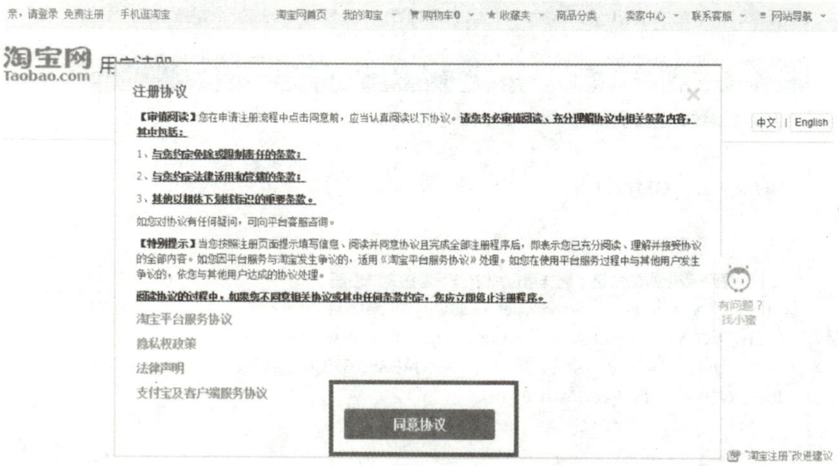

图3-24 阅读、同意用户协议

步骤三：设置用户名，可以通过手机设置或电子信箱设置。设置用户名（登录需要用户名，设置的用户名应简单易记；如在常用电脑上自动登录也可以考虑与店铺经营相关联）和设置密码（密码应相对复杂些，最好数字和字母相结合），手机设置如图 3-25 所示。

图 3-25　手机设置验证信息

步骤四：邮箱验证，填写账户信息。在电子邮箱中打开淘宝发送的“新用户确认通知信”，填写账户信息和支付方式，点击“完成注册”按钮。新用户确认通知信如图 3-26 所示。

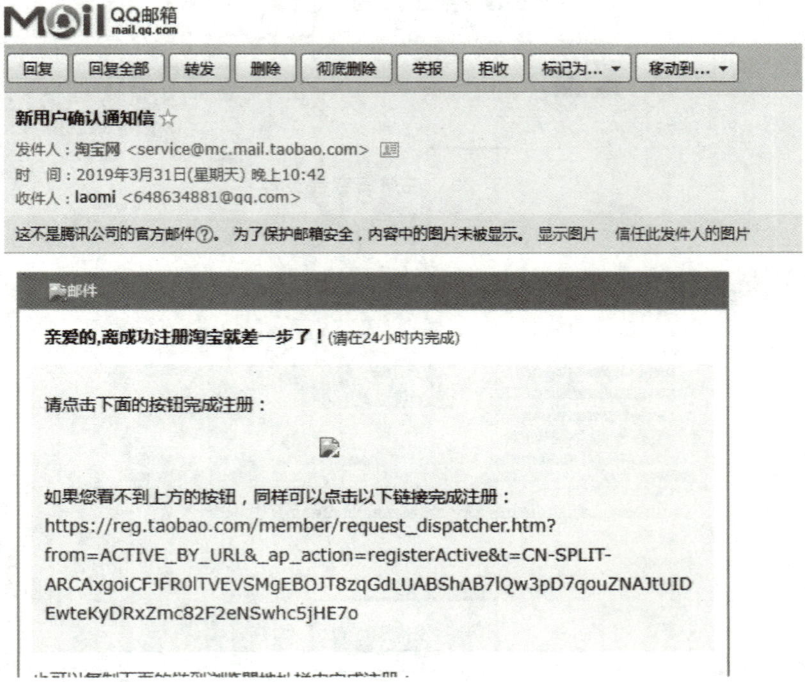

图 3-26　新用户确认通知信

步骤五：完成注册。在完成淘宝会员注册的同时，已自动开通了支付宝账户，账户名就是在注册时填写的个人电子邮箱名，但还需进一步完善个人信息及认证才能使用支付宝。淘宝网完成注册如图3-27所示。

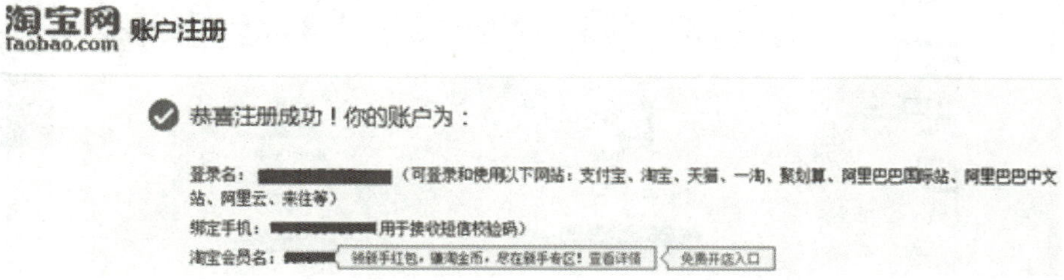

图3-27 完成注册

步骤六：在淘宝网首页点击“登录”链接，进入登录页面后输入账户名和密码及验证码，点击“登录”，即可以会员身份登录淘宝网。会员登录淘宝如图3-28所示。

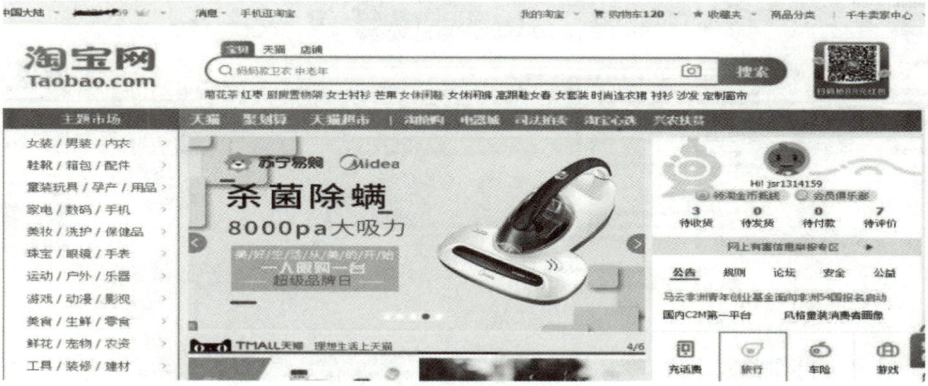

图3-28 会员登录淘宝

2）开店及装修流程

步骤一：在我的淘宝页面上点击“千牛卖家中心”链接，进入开店页面，如图3-29所示。

图3-29 淘宝端入口

步骤二：选择“创建个人店铺”，如图3-30所示。

图3-30 创建个人店铺

步骤三：确认开店协议，如图3-31所示。

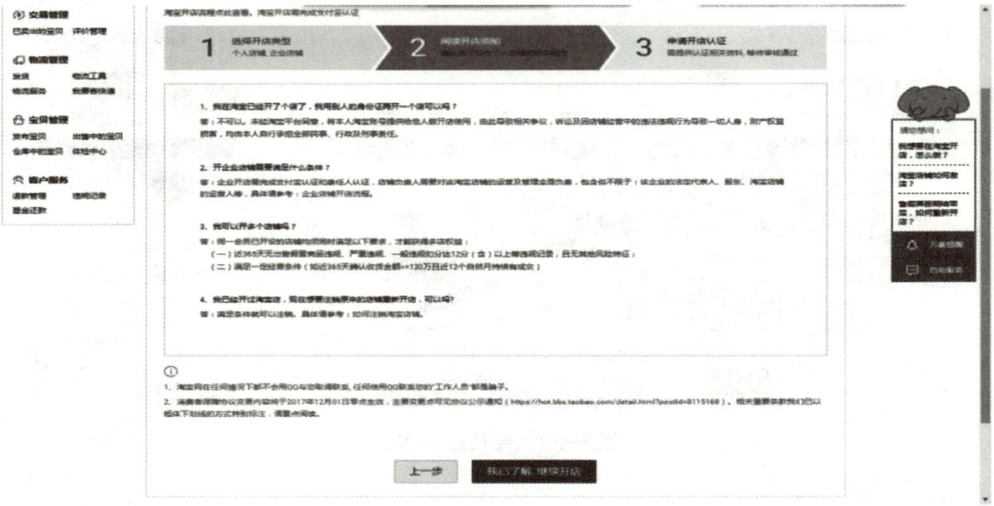

图3-31 阅读无误后，确认协议

步骤四：点击支付宝认证，如图3-32所示。

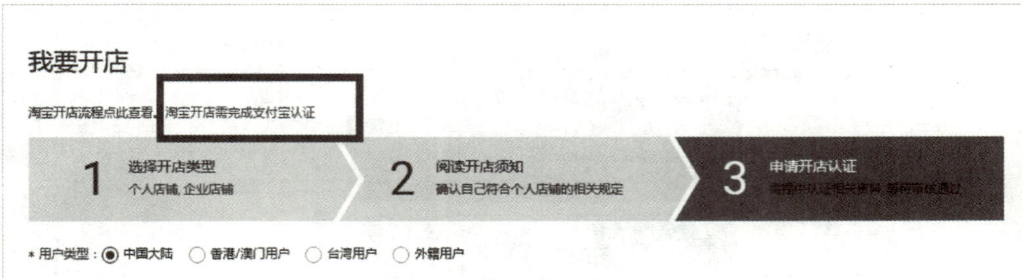

图3-32 支付宝认证

步骤五：通过淘宝账户登录，进行认证，如图3-33所示。

步骤六：补全支付宝信息，如图3-34所示。

图3-33 通过淘宝账户登录，进行认证

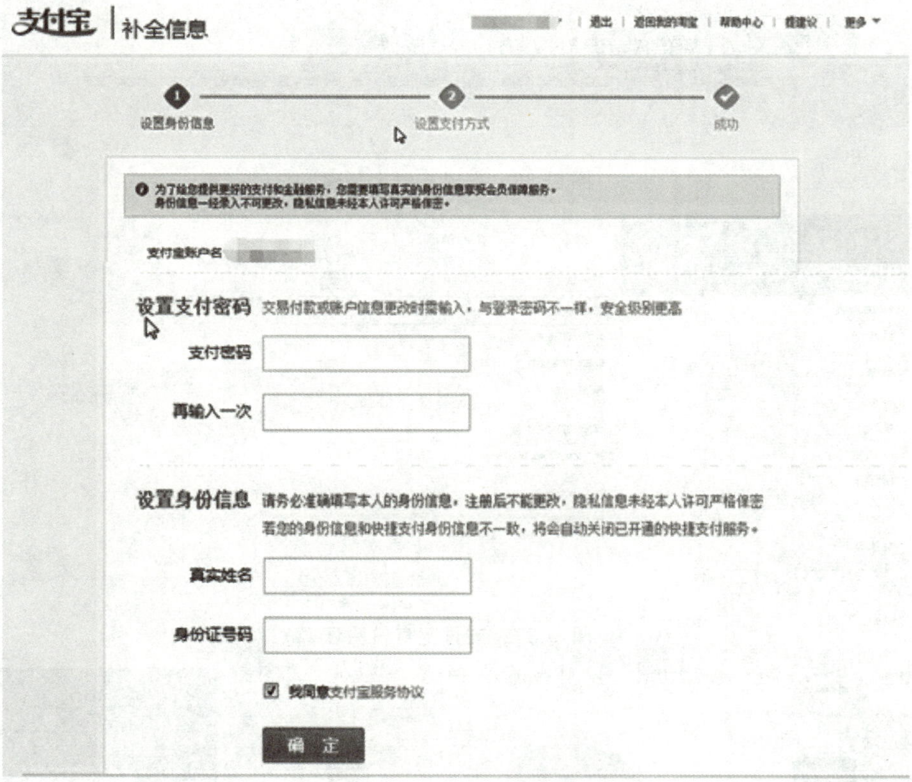

图3-34 补全支付宝信息

步骤七：跳过银行卡信息填写，如图3-35所示。

步骤八：完成支付宝创建，如图3-36所示。

步骤九：支付宝实名认证。回到淘宝开店页面，发现支付宝信息已经填写完整，选择支付宝实名认证。根据最新实名认证要求，需要进行人脸核验，下载支付宝手机APP，打开支付宝手机客户端进行验证。支付宝手机APP身份验证、扫脸认证如图3-37、图3-38所示。

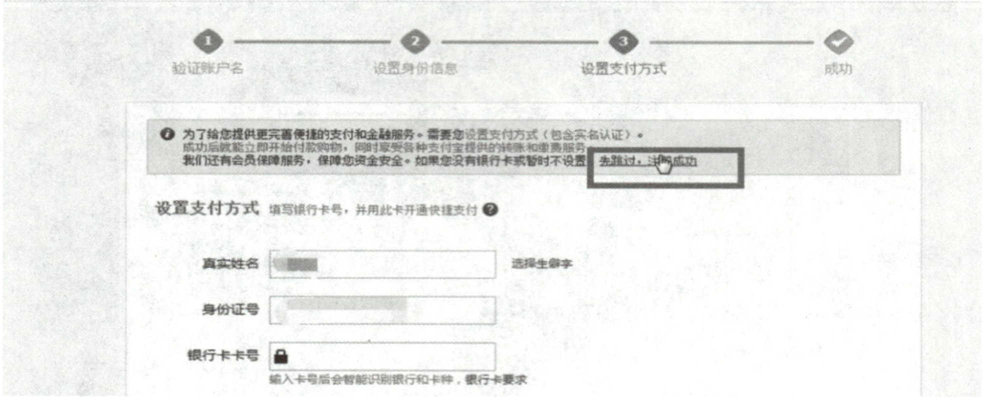

图 3-35 跳过银行卡信息填写

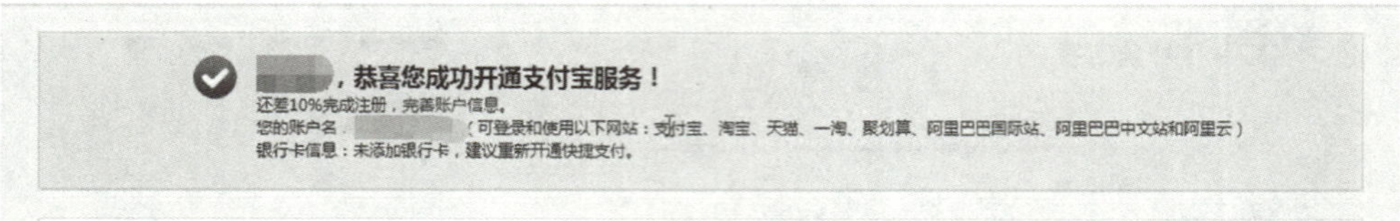

图 3-36 完成支付宝创建

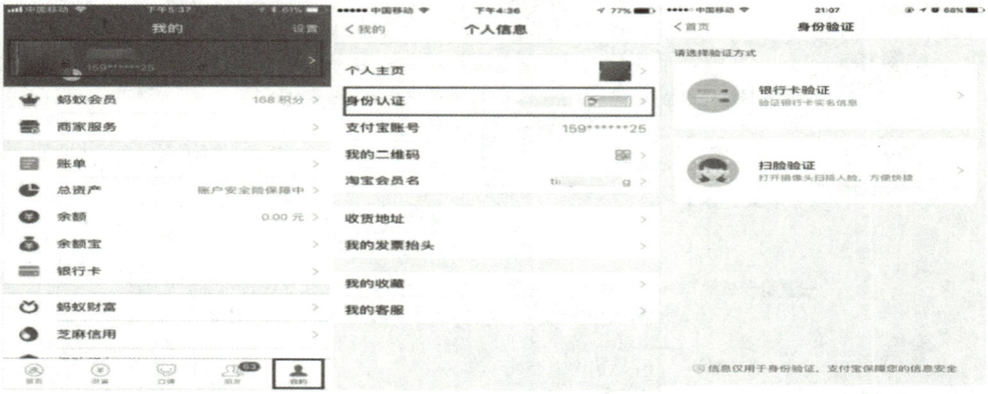

图 3-37 支付宝身份验证

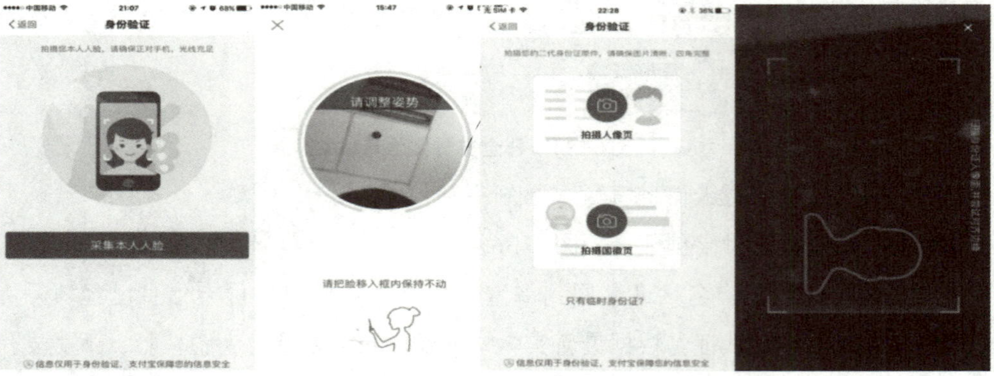

图 3-38 扫脸认证

步骤十：填写联系地址，确认完成认证，如图3-39、图3-40所示。

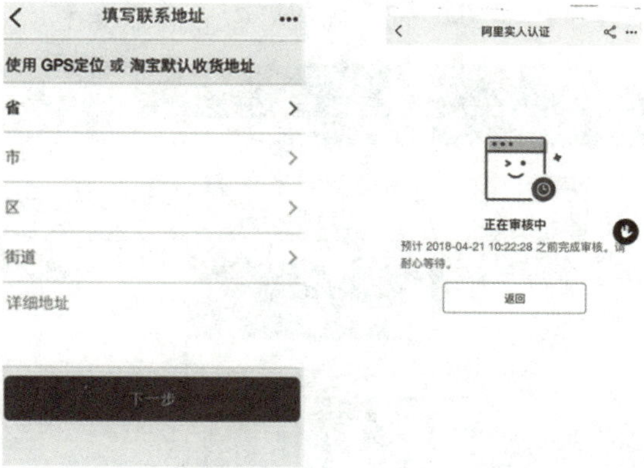

图 3-39　填写联系地址

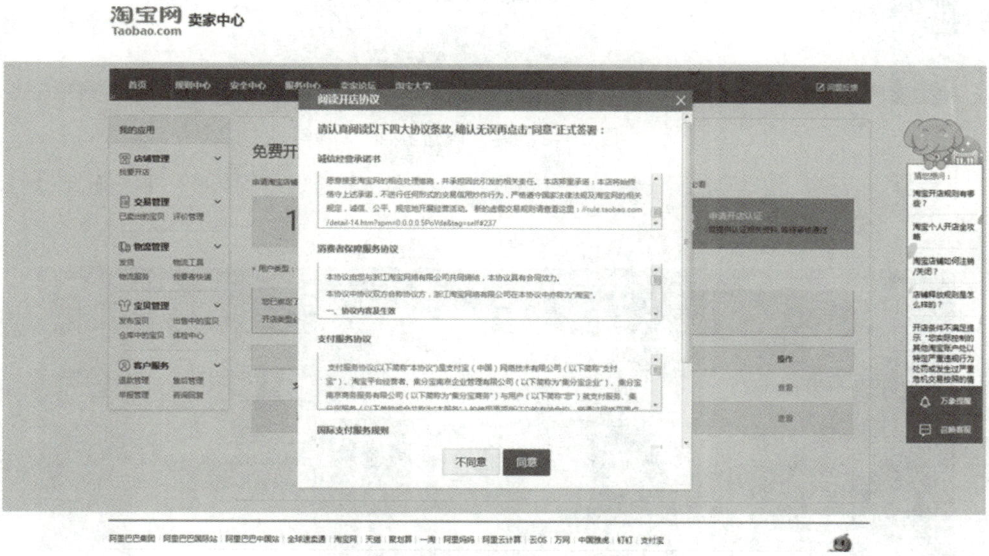

图 3-40　确认协议，完成认证

步骤十一：淘宝个人店铺装修。淘宝网提供装修服务，淘宝店铺等级在一钻以下可免费使用淘宝旺铺专业版。“淘宝旺铺”属于淘宝官方提供，专业且付费少，推荐新手使用。打开淘宝旺铺页面（https：//site.taobao.com/），如图 3-41 所示。

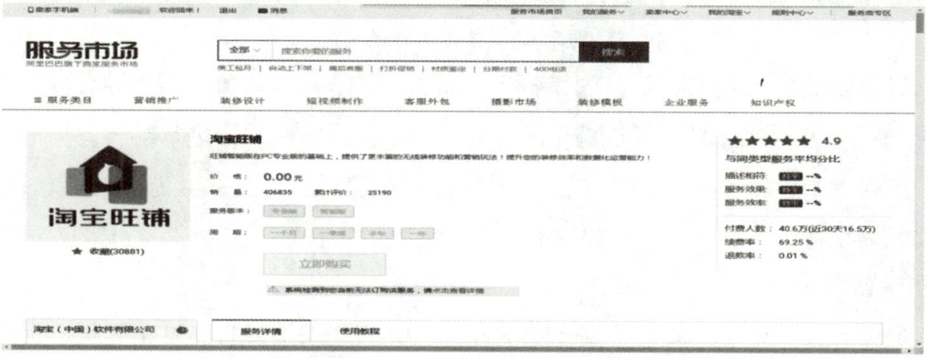

图 3-41　淘宝旺铺页面

步骤十二：淘宝旺铺中的模板使用具体操作界面如图3-42所示。

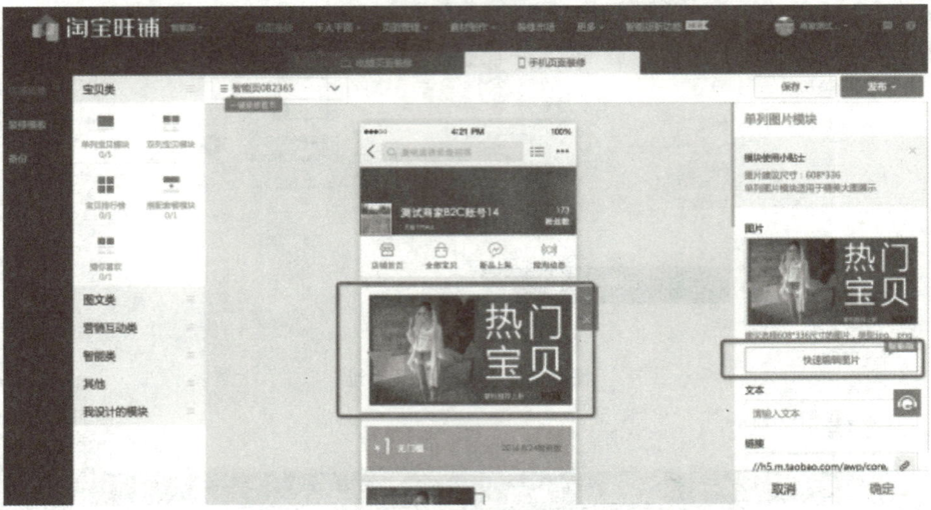

图3-42　模板操作界面

步骤十三：选择需要编辑的图片模块，点击【快速编辑图片】，如图3-43所示。

图3-43　快速编辑图片

在编辑页面，左侧有丰富的模板可供选择，商家可对模板中的图片进行替换，可使用商品图或者图片空间的图片，同时，可对模板中的文字进行编辑。

步骤十四：日常经营淘宝个人店铺包括发布宝贝、与买家交流、发货、评价、收货后提现等。发布宝贝如图3-44所示。使用千牛联系工具与供应商及买家交流如图3-45所示。

步骤十五：可通过安装千牛爱用交易插件，实现一键发货、订单管理、提现等操作，如图3-46、图3-47所示。

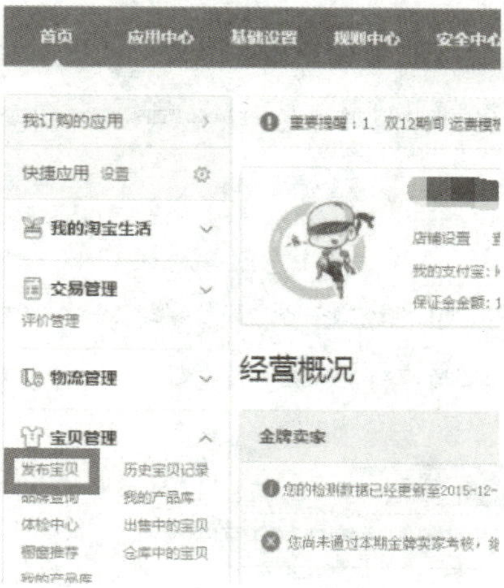

图3-44 发布宝贝

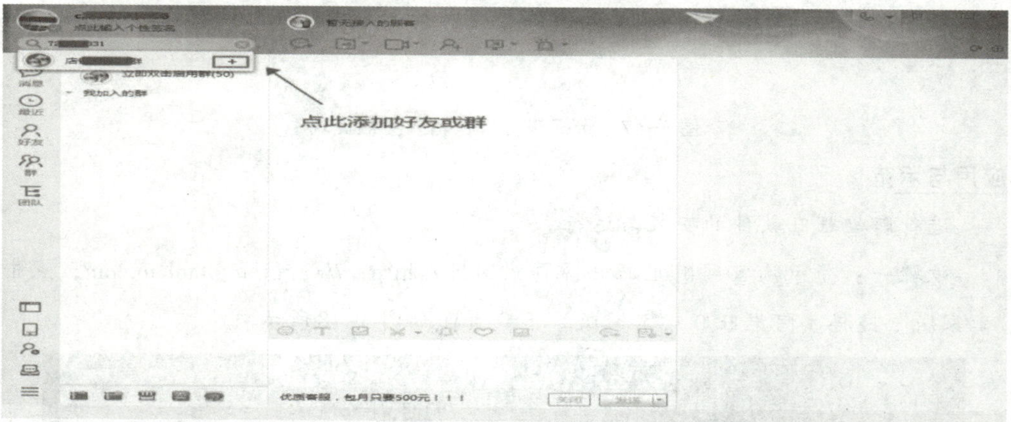

图3-45 使用千牛联系工具与供货商和买家交流

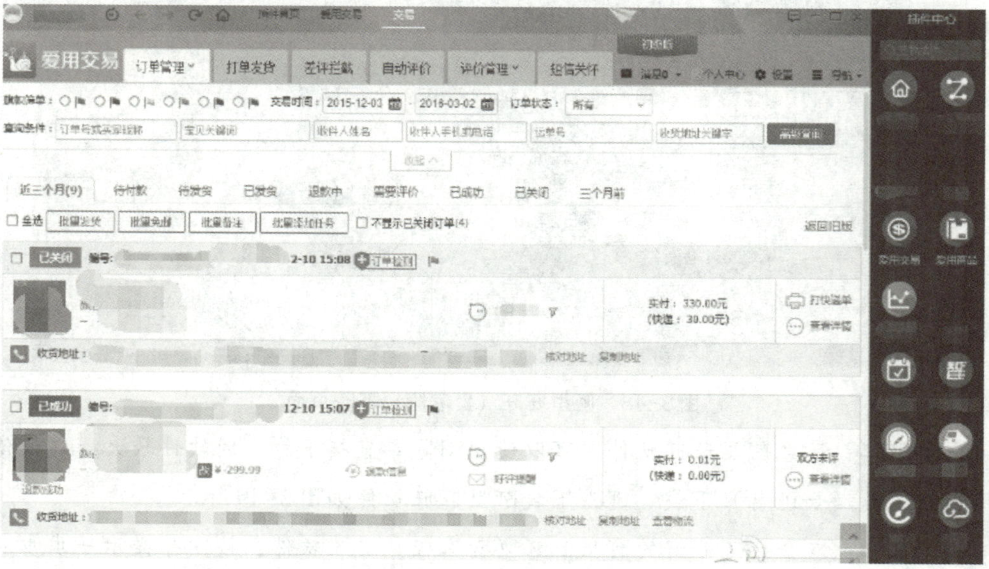

图3-46 爱用交易插件

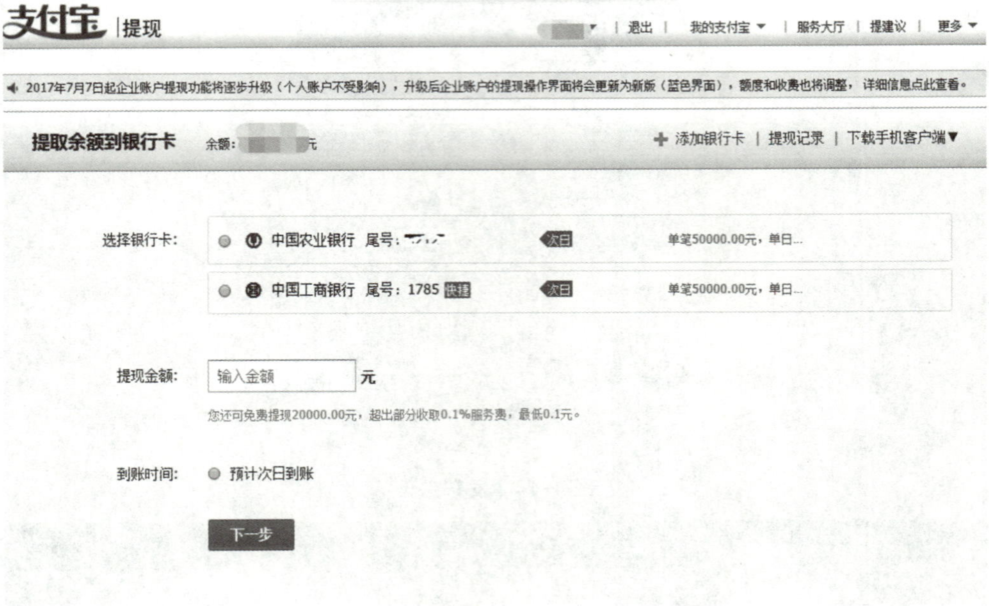

图 3-47　选择银行卡，输入金额提现

应用与示范

进行阿里旺旺软件的安装与运行。

步骤一：登录淘宝网阿里旺旺网页，网址：http：//wangwang.taobao.com，点击“卖家版”链接。阿里旺旺（卖家版）下载页面如图 3-48 所示。

图 3-48　阿里旺旺（卖家版）下载页面

步骤二：下载阿里旺旺软件。可以使用浏览器直接下载，因软件较大，建议使用下载工具（如迅雷）下载。迅雷下载阿里旺旺软件如图 3-49 所示。

步骤三：双击已下载好的阿里旺旺（卖家版）安装软件，按向导提示一步步安装，如图 3-50、图 3-51、图 3-52 所示。

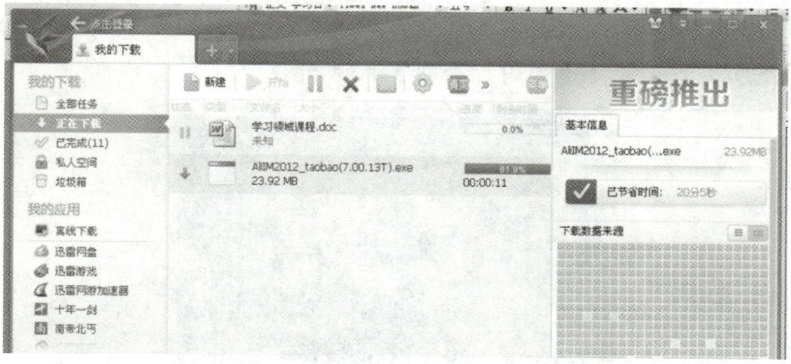

图 3-49　使用迅雷下载阿里旺旺软件

图 3-50　阿里旺旺（卖家版）安装向导

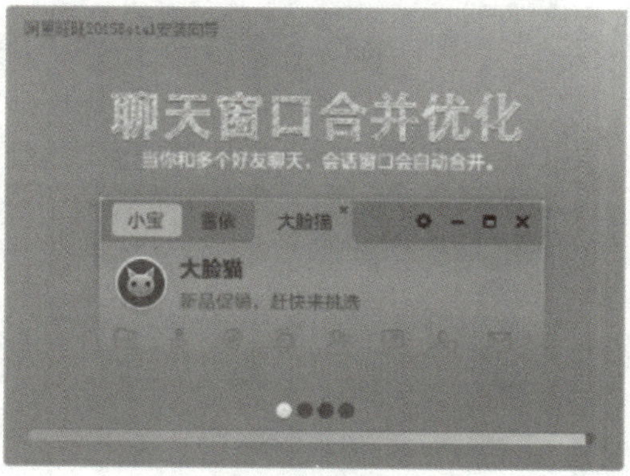

图 3-51　安装进行中

图 3-52　安装完成

步骤四：运行阿里旺旺软件，输入会员名和密码可登录阿里旺旺。阿里旺旺（卖家版）登录界面及快捷方式图标如图3-53所示。

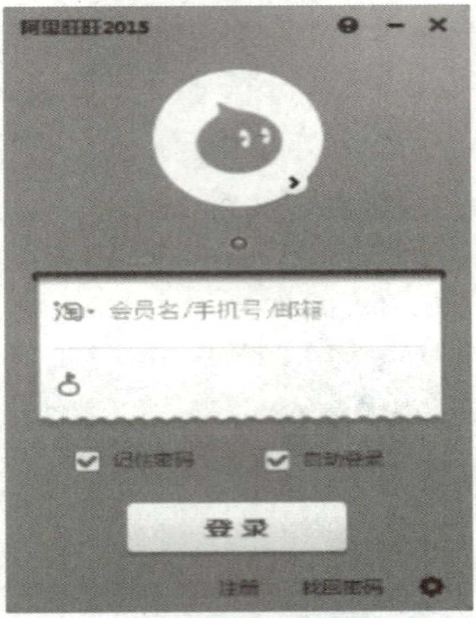

图3-53　阿里旺旺（卖家版）登录界面及快捷方式图标

步骤五：登录阿里旺旺。登录阿里旺旺（卖家版）界面如图3-54所示。

图3-54　登录阿里旺旺（卖家版）界面

步骤六：通过阿里旺旺下方“添加好友”图标，可以查找和添加好友。阿里旺旺（卖家版）查找/添加好友界面如图3-55所示。

步骤七：与买家交流。在“我的好友”中，双击某个买家图标，即可打开窗口与对方交流。阿里旺旺（卖家版）与买家交流界面如图3-56所示。

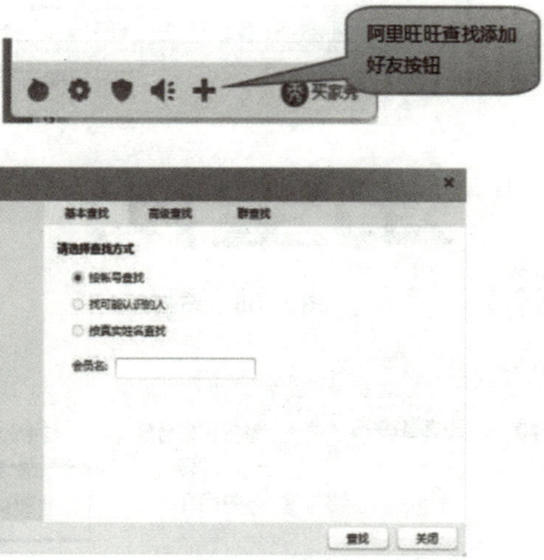

图3-55　阿里旺旺查找/添加好友界面

图3-56　与买家交流界面

步骤八：卖出商品后可以用阿里旺旺联系买家。在已卖出的宝贝页面，点击“给我留言”即可。给买家留言界面如图3-57所示。

图3-57　给买家留言界面

步骤九：回复站内信。以会员身份登录淘宝网页，单击网页上部的“站内信”链接，进入站内信箱，阅读后可以回复。站内信如图3-58所示。

步骤十：修改交易价格。单击“已卖出的宝贝”链接，选择需要修改的交易，单击“修改价格”，如图3-59所示。输入修改的价格后按“确定”，如图3-60所示。

图3-58　站内信

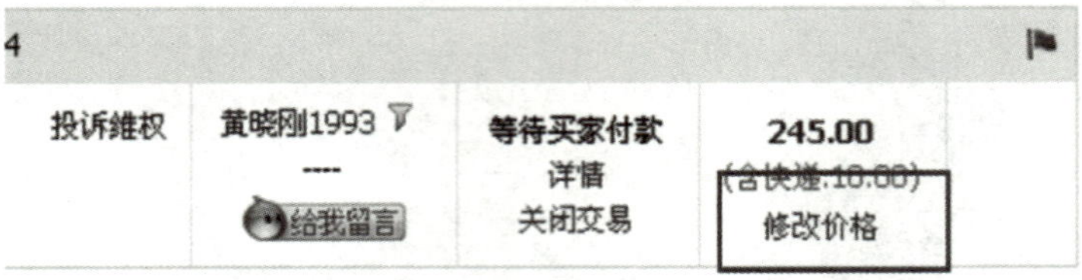

图3-59　修改价格页面（一）

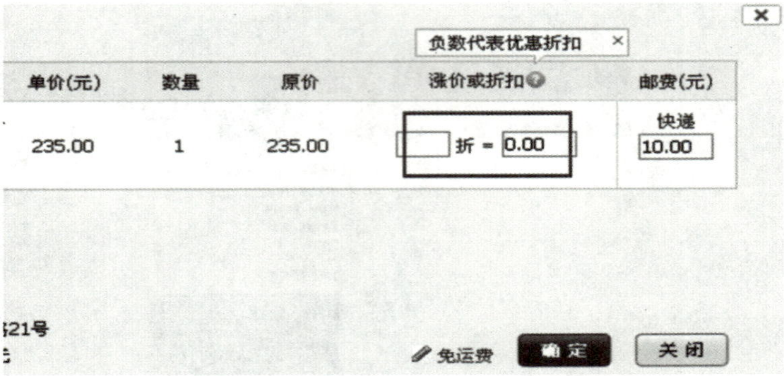

图3-60　修改价格页面（二）

步骤十一：选择物流发货。在“已卖出的宝贝”页面单击“发货”按钮，依次确认收货地址交易信息、确认取货时间和地点、选择物流公司和下单方式。发货页面如图3-61所示。

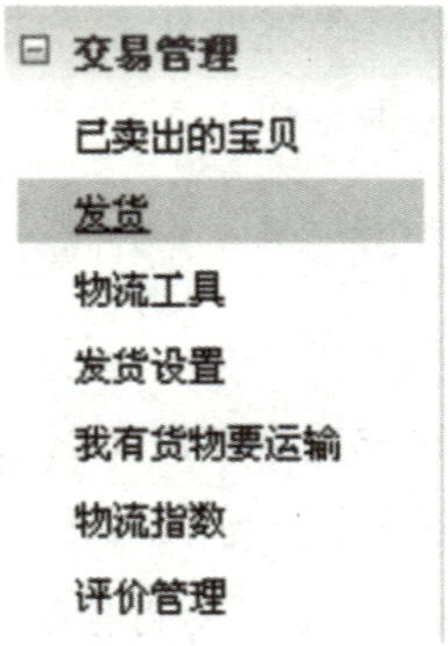

图3-61　发货页面

步骤十二：给买家评价。进入“已卖出的宝贝”页面，找到“交易成功”的交易，点击“评价”即可。给买家评价如图3-62所示。

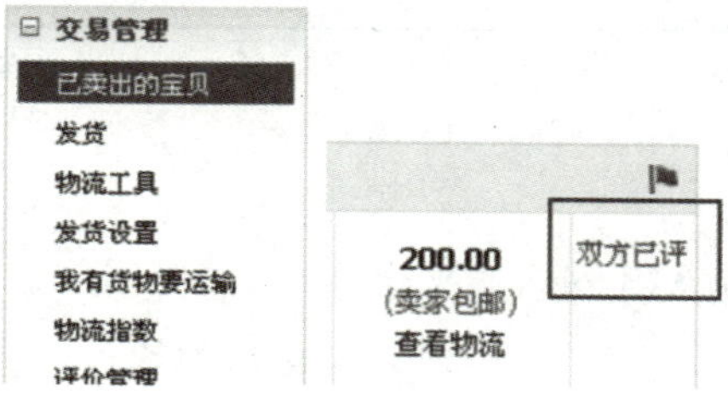

图3-62 给买家评价

步骤十三：支付宝账户查询与管理。交易成功后货款会被打入卖家的支付宝账户，卖家可以从支付宝账户提现，如图3-63、图3-64、图3-65所示。卖家也可以查询历史账户明细，如图3-66所示。

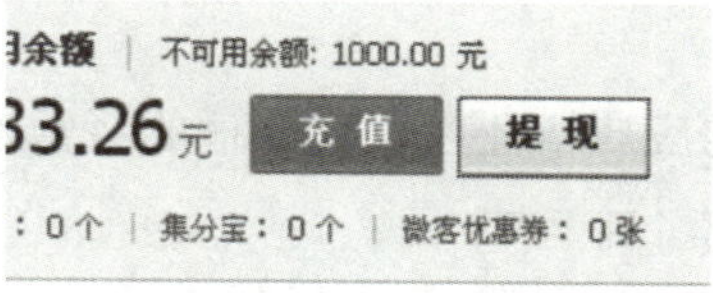

图3-63 账户提现（一）

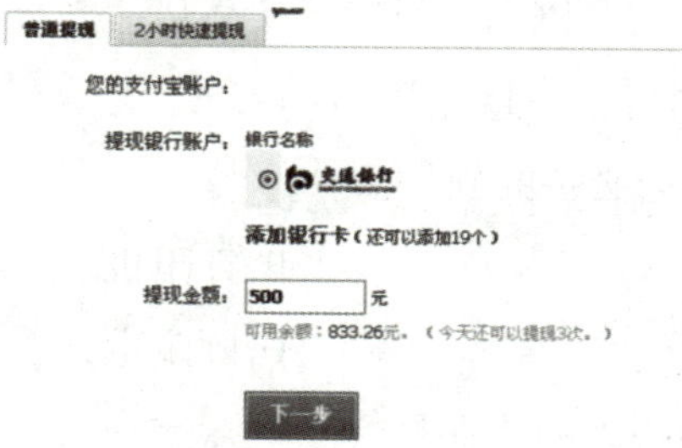

图3-64 账户提现（二）

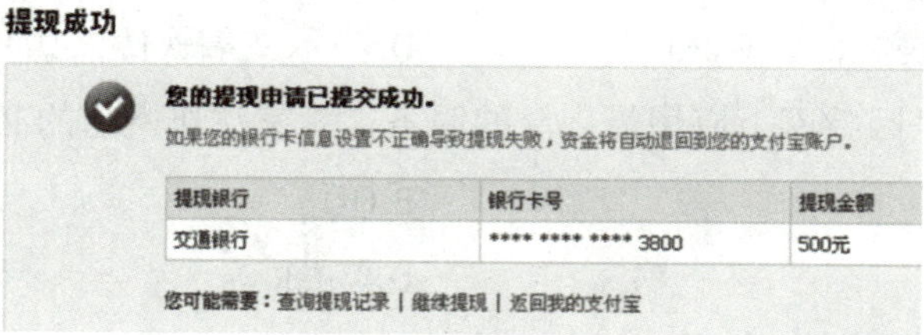

图3-65 账户提现（三）

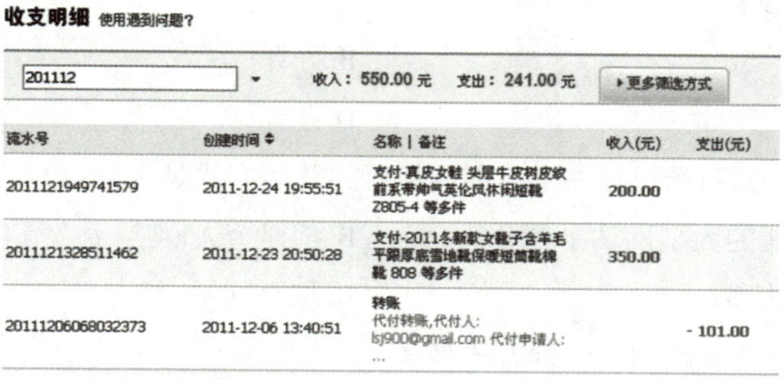

图3-66 账户明细查询

检测与巩固

一、单项选择题

1.（　　）不提供个人开网店的平台。

A.淘宝网　　B.拼多多

C.微店　　D.百度

2.微店是（　　）公司旗下的购物网站。

A.网易　　B.阿里巴巴

C.亚马逊　　D.百度

E.腾讯

3.对于没有从商经验的应届毕业生，最合适的经营网店方式是（　　）。

A.因为没经验，所以要全职经营

B.因为经营网店有风险，最好先兼职经营，待步入正轨后，再全职经营

C.没经验风险太大，别开网店，只能开实体店

D.同时开实体店和网店，一起经营

4.（　　）是网上开店必备的硬件。

A.传真机　　B.打印机

C.智能手机　　D.固定电话

5.不是网上开店必须用到的软件是（　　）。

A.图片处理软件　　B.即时通信软件，如QQ

C.文字处理软件，如Word　　D.演示文稿软件，如PPT

6.（　　）是因特网上应用最广泛的服务，卖家注册网店的必备工具。

A.电子邮件　　B.QQ

C.瑞星杀毒　　D.Windows

7.信用是网上交易的重要因素，良好的信用环境需要买卖双方共同营造。如果交易成功，应给予对方（　　）。

A.不评　　B.好评

C.中评　　D.差评

8.相当于在大商场租用一个店铺或柜台的开店方式是（　　）。

A.利用专业的大型网站平台开店　　B.创建个人网店

C.独立网站　　D.综合网站

9.适合学生选择的网店经营方式是（　　）。

A.兼职经营　　B.全职经营

C.实体店　　　　　　　　　　　D.网店与实体店相结合

二、判断题

1.我国目前提供开设个人网店的第三方平台如淘宝、易趣等网站，申请开店都是免费的，但是在网上交易要收取佣金和税金。（　）

2.网上开店既可以在大型C2C网站平台注册会员申请开店，也可以自己创建个性化独立网站开设网店。（　）

3.网上购物高峰期一般是在晚上10点钟以后。（　）

4.网上开店有数码相机拍照就够了，不需要再用图片处理软件处理照片，否则会不真实。（　）

5.网店注册时的资料尽量不要填写个人真实情况，以免隐私泄露。（　）

三、简答题

1.同传统开店相比，网上开店有什么优势？

2.你会选择什么方式经营网店，为什么？

3.网上开店，除了应具备一定的硬件和软件外，对个人心态方面有什么要求？

4.网上开店的基本流程和主要步骤有哪些？

训练与提高

◆训练目标

（1）掌握淘宝网从会员注册到发布商品、店铺装修的全过程。

（2）熟悉支付宝使用的意义和注册、充值及使用方法。

◆训练内容

1）实例分析

（1）分组。按4人一组对全班学生进行分组，确定小组长。

（2）展示。选取几种本地民族特色商品并出示实物，介绍商品。

（3）各组选取一种民族特色商品，重点分析该商品网上开店的优势、劣势。写出书面分析报告。

2）上机实训

（1）考察自己家乡有什么土特产，以此作为经营商品，在淘宝网注册成为用户，注册支付宝账户并进行实名认证。

（2）将商品拍成照片，撰写相关文字，发布到网上。

（3）装修自己的店铺，设置有个性的店铺LOGO。

（4）尝试用阿里旺旺与客户沟通并进行交易。

评价与建议

评价与建议表见表3-1。

表3-1 评价与建议表

项　目	能独立完成	合作完成	继续学习	意见和建议
基本概念和知识				
叙述网上开店的优势				
体验网上开店步骤				
举例说明本地民族特产、手工制品和服饰				
说明民族特色商品网上销售的特点				

注：在符合自己情况的单元格内打“√”或“×”，也可以填“是”或“否”。

第4章

网络营销

学习目标

知识目标

1. 了解网络营销的产生及其发展；
2. 理解网络营销和传统营销的联系和区别、各种营销工具的特点；
3. 掌握网络营销常用工具的操作、网络广告的制作和网络调查问卷设计。

技能目标

1. 具备分析网络营销特点的能力，会设计网络调查问卷；
2. 能够制作简单的网络广告。

中国互联网络信息中心（CNNIC）发布的第42次《中国互联网络发展状况统计报告》显示：截至2018年6月，

- 我国网民规模达8.02亿，互联网普及率为57.7%。
- 我国网络购物用户和使用网上支付的用户规模达到5.69亿，占总体网民的比例均为71.0%。
- 我国即时通信用户规模达到7.56亿，占网民总体的94.3%。
- 我国网络直播用户规模达到4.25亿，用户使用率为53.0%。
- 我国网上外卖用户达3.64亿，其中手机网上外卖用户达到3.44亿。
- 我国在线政务服务用户规模达到4.70亿，占总体网民的58.6%，有42.1%的网民通过支付宝或微信城市服务平台获得政务服务。

（了解更多精彩内容，请扫描二维码或访问中国互联网络信息中心网页：http://www.cnnic.cn）

4.1 网络营销概述

4.1.1 网络营销的定义和产生

1）网络营销的定义

营销是企业商务活动的重要组成部分，企业营销策略是企业实现其劳动目的和价值的一项重要工作。网络与电子商务的出现使传统的市场营销的理论和实务发生了根本的改变，产生了新的营销方式——网络营销。网络营销就是以互联网络为基础，利用数字化的信息和网络媒体的交互性来辅助营销目标实现的一种新型的市场营销方式，是企业以互联网为营销工具，开展营销活动的过程。网络营销是电子商务的一个分支，是科学技术的发展、消费者价值观的变革和商业竞争等综合因素的产物。

2）网络营销的产生

网络营销产生于20世纪90年代，发展于20世纪末至今。网络营销产生和发展的背景主要有三个方面，即网络信息技术发展、消费者价值观改变、激烈的商业竞争。

网络营销不能单纯地理解为网上销售，网上销售是网络营销发展到一定阶段产生的结果，网络营销是为实现产品销售目的而进行的一项基本活动，但网络营销本身并不等于网上销售。这可以从三个方面来说明：第一，网络营销的效果表现在多个方面，例如提升企业品牌价值、加强与客户之间的沟通、拓展对外信息发布的渠道、改善顾客服务等；第二，网站的推广手段通常不仅仅靠网络营销，往往还要采取许多传统的方式，如在传统媒体上做广告、召开新闻发布会、印发宣传册等；第三，网络营销的目的并不仅仅是为了促进网上销售，很多情况下，网络营销活动不一定能实现网上直接销售的目的，但是可能促进网下销售的增加，并且提高顾客的忠诚度。

读一读

《舌尖上的中国》为中国中央电视台播出的美食类纪录片，主要内容为中国各地美食生态。其通过讲述中华美食的各个方面，展现食物给人们生活带来的仪式、伦理等方面的文化；见识中国特色食材以及与食物相关、构成中国美食特有气质的一系列元素；了解中华饮食文化的精致和源远流长。《舌尖上的中国》第一季于2012年5月在央视首播后，在网络上引起了广泛关注。《舌尖上的中国》第二季于2014年4月播出，《舌尖上的中国》第三季于2018年2月播出。

《舌尖上的中国》的主要媒介营销方式包括：

营销一：微博营销

《舌尖上的中国》每开播一集都有一个微博专题专门为其造势，而在开播过程中，更有微博大V为其大力宣传，而在一传十、十传百的传播之下，无处不在吃、无处不在谈，微博的魅力，让其成功为节目造势。在节目的播出期间，网友们吃的豆腐，叫“舌尖上的豆腐”，竹笋叫“舌尖上的竹笋”，苹果叫“舌尖上的苹果”。

营销二：淘宝营销

淘宝接力促销，使得各种“舌尖上的美食”在淘宝上热力大卖，“舌尖上的鸭脖”“舌尖上的奶茶”在淘宝上宣传活动不断，越来越多的人知道“舌尖”，从而带来庞大的销售数据。为了满足各地的“吃货”，淘宝网于2012年5月24日零点顺势推出美食专辑“舌尖上的淘宝”，该专辑一上线就成为全国各地“吃货”们的大本营，短短24小时内超过31万人关注，浏览量高达1 000万次。该片开播5天内共有2 005万人次在淘宝网（微博）浏览过片中介绍的美食，成交量达729万件。毛豆腐、松茸、诺邓火腿、乳扇的销量增长很快，其中徽派土特产“毛豆腐”，搜索量暴涨了48倍；云南诺邓火腿5天内成交量增长了17倍。

营销三：央视宣传

该片在央视一套开播，央视一套的媒介影响力促进了其传播力度，取得了良好的宣传效果。

想一想 网络营销对网上开店有何影响？网上商店应如何进行推广？

4.1.2 网络营销的特点

互联网可以将企业、团体、组织以及个人跨时空联系在一起进行信息交换，网络营销是互联网发展的产物，互联网成为企业开展营销的有力工具。因此，网络营销有以下特点：

1）跨时空

互联网能够超越时间约束和空间限制，使得企业有了更多时间和更大的空间进行营销，可每周7天、每天24小时随时提供全球性营销服务。

2）多媒体

互联网被设计成可以传输多种介质的信息，如文字、声音、图像等信息，可以充分发挥营销人员的创造性和能动性。

3）交互式

互联网通过展示商品图像、商品信息资料库提供有关的查询服务，来实现供需互动与双向沟通，还可以进行产品测试与消费者满意调查等活动。

4）整合性

互联网营销是一种全程的营销渠道。可以将不同的传播营销活动进行统一设计规划和协调实施，向消费者传达统一的信息，避免传播不一致产生的消极影响。

5）高效性

计算机及互联网高速高效，通过它们能及时有效了解并满足顾客的需求。

6）经济性

网络营销可以减少印刷与邮递成本，可以无店面销售，减少损耗、节约成本。

7）技术性

网络营销是建立在互联网基础上的，必须要有一定的技术投入和支持。

4.1.3 网络营销与传统营销的区别

网络营销的基本思想和理念与传统营销基本一致，都是以实现企业的营销为目标的活动，但具体的实施和操作过程与传统营销的方法和手段有着很大的差别，具体表现在：

1）营销观念的不同

传统的市场营销要素由4P组成，即产品（product）、价格（price）、渠道（place）和促销（promotion），其对市场营销认识的出发点是企业的利润，但没有将顾客的需求放到与企业的利润同等重要的地位上来。网络的互动性使得顾客能够真正参与整个营销过程，而且其参与的主动性和选择的主动性都得到加强，这就决定了网络营销首先要把顾客整合到整个营销过程中来，从他们的需求出发开始整个营销过程。据此，美国营销传播学者舒尔茨教授从充分满足消费者需求的角度提出了以顾客为中心的网络营销的“4C”理论，即消费者的需求和欲望（consumer's wants and needs）、成本（cost）、便利（convenience）和沟通（communication）。因此，网络营销的模式是从消费需求出发，营销决策“4P”是在满足“4C”的前提下的企业利润最大化，最终实现的是消费者需求的满足和企业利润的最大化。

2）产品策略上的不同

网络营销可以真正直接面对消费者，实施一对一的个性化营销，可以针对某一类型甚至某一个消费者制定相应的营销策略，并且消费者可以自由选择感兴趣的内容观看或购买，这是传统营销所无法实现的。传统意义上的产品多是一种物质的概念，即实实在在的东西。而信息化社会中产品已从物质的概念演变为一个综合服务和满足需求的概念。总之，传统营销注重产品，网络营销注重消费者的需求和欲望。

3）价格策略上的不同

传统商品的定价策略基本上是按照“生产成本+生产利润+销售利润+品牌系数”来确定的，厂商对价格的决定起着主导作用。这种价格策略能否为消费者和市场接受尚未可知。而在网络营销时代，是根据消费者和市场的需求来计算满足这种需求的产品和成本的。由于互联网降低了营销成本，商品售价可以低于传统销售方式，从而产生较大的竞争优势。总之，传统营销注重价格，而网络营销更注重成本。

4）促销策略上的不同

网络营销为消费者提供了足不出户即可挑选购买自己所需的商品和直接得到服务的便捷，既可以借鉴传统营销促销方式，又可以采用数据库技术、搜索引擎、电子邮件、网页、网络广告等方式促销，采用更有创意、更新颖的网络促销方式吸引消费者。总之，传统营销以促销为主，而网络营销注重为消费者提供方便。

5）渠道策略上的不同

传统营销的渠道是多样的，而网络营销离开网络便无法实现。但网络营销可以和消费者进行实时沟通，解答消费者的疑问，并可以通过BBS、电子邮件快速为消费者提供信息，因此，强大的双向沟通能力是网络营销的长处。总之，传统营销注重渠道，网络营销注重沟通。

4.1.4 网络营销的优劣势

网络营销作为一个新时代的宠儿，同样也有它的优势和劣势，企业有必要对其利弊了然于胸，才能在制定战略时运筹帷幄。

1）网络营销的优势

（1）网络营销具有极强的互动性，可以帮助企业实现全程营销的目标。网络环境下，企业可以付出极低的成本在营销的全过程中对消费者进行即时的信息搜集，同时，也为消费者对产品的设计、包装、定价、服务等问题发表意见提供了方便。通过这种双向互动的沟通方式，提高了消费者的参与性和积极性。

（2）网络营销有利于企业降低成本费用。其包括两个方面：①运用网络营销可以降低企业的采购成本；②运用网络手段，可以降低促销成本。

（3）网络营销能够帮助企业增加销售，提高市场占有率。首先，在网络上可提供全天候的广告及服务而不需增加开支；其次，能把广告与订购连为一体，促成购买意愿；最后，通过互联网络，可以即时连通国际市场，减少市场壁垒。

(4) 通过互联网络可以有效地服务于顾客，满足顾客的需要。任何一家企业，要想取得竞争优势，就必须充分考虑顾客的需要，正可谓“得顾客心者方能得天下”。

2）网络营销的劣势

(1) 网络形式的效果至今无法像传统媒体那样容易把握，包括网络广告所影响的区域、对象以及对象的购买力等，不确定因素多，企业难以在投放广告之前有一个清晰的收支把握。

(2) 不是所有的商品和服务都适合进行网络营销。比如一些保质期短的食品或古董等，这些商品或受时间限制，或难于运输，通过网络营销进行销售难度比较大。

(3) 缺乏商场的真实气氛，买家与卖家双方的信任问题，部分地区物流配送相对落后，存在网上交易信息的安全问题等。

4.2 网络营销常用工具

4.2.1 网络营销工具的概念

网络营销工具是企业或个人为实现营销目标而使用的各种网络技术、方法和手段。凡是以网络技术为基础进行营销活动时采用的技术和手段都可以成为网络营销工具，包括基于搜索引擎的工具、邮件群发工具、网站视频在线客服工具、社会化书签工具，同时也包括时尚的微博工具等。

4.2.2 网络营销的常用工具

在现阶段的网络营销活动中，常用的网络营销工具包括企业网站、搜索引擎、电子邮件、网络实名通用网址、即时通信、浏览器工具条等客户端专用软件、电子书、博客、RSS等。借助这些手段，才可以实现营销信息的发布、传递、与用户之间的交互，为实现销售营造有利环境。

1）企业网站

(1) 企业网站概述

企业网站是网络营销最基本、最重要的一个工具。因为企业网站由多个页面构成，而且是企业可以自由控制和支配的空间，企业可以充分利用自己的网站进行几乎所有的网络营销活动，它是企业进行网络营销的主战场。企业网站建设与网络营销方法和效果有直接关系，没有专业化的企业网站作为基础，网络营销的方法和效果将受很大限制，因此，网络营销策略的基本任务之一就是建立一个网络营销导向的企业网站。一个完整的企业网站，无论多么复杂或多么简单，都包括四个一般要素：结构、内容、服务、功能。企业网站如图4-1所示。

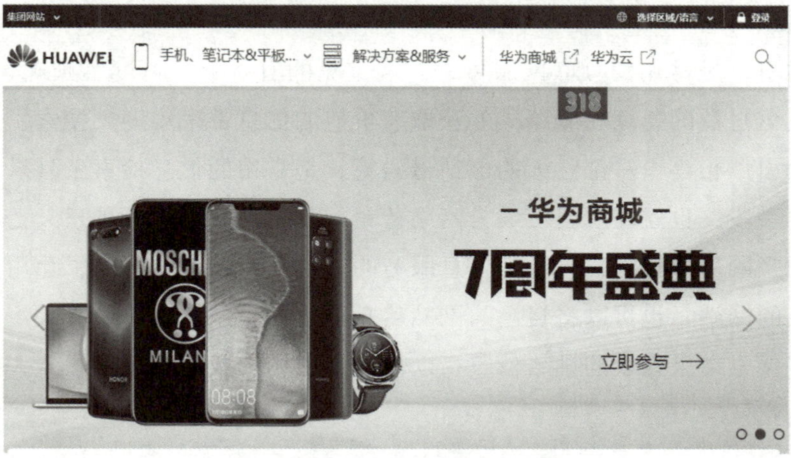

图4-1 企业网站示例

（2）企业网站的功能

企业网站可以实现的网络营销功能主要有：树立品牌形象、产品/服务展示、信息发布、在线客户关系管理、网上市场调研、与供应链上的其他企业间进行资源整合、网上销售等。

（3）企业网站的特点

①企业网站具有自主性和灵活性。

②企业网站是主动性与被动性的矛盾统一体。

③企业网站功能需要通过其他网络营销手段才能体现出来。

④企业网站的功能具有相对稳定性。

⑤企业网站是其他网络营销手段和方法的基础。

（4）企业网站与网络营销的关系

①从企业开展网络营销的一般程序来看，网站建设完成不是网络营销的终结，而是为网络营销各种职能的实现打下基础，如网站推广、在线服务等，在此之上，一些重要的网络营销方法，如搜索引擎营销、邮件列表营销、网络会员制营销等，才具备了基本条件。一般来说，网络营销策略制定以后，首先应开始进行企业网站的策划和建设。

②从企业网站在网络营销中所处的地位来看，网站建设是网络营销策略的重要组成部分。

③从网络营销信息来源和传递渠道来看，企业网站内容是网络营销信息源的基础。

④从企业网站与其他网络营销方法的关系来看，网站的功能决定着哪些营销方法可以被采用而哪些不能被采用。

2）搜索引擎

搜索引擎是常用的互联网服务之一。常见的有谷歌、百度、雅虎、新浪等。互联网上信息量的急剧膨胀给人们获取有价值的信息带来难度，搜索引擎应运而生。搜索引擎相当于一部巨大的电话号码簿，是常用的信息检索工具以及网站推广的重要手段，也就理所当然成为网络营销的基本工具。从某种意义上讲，搜索引擎是为上网用户找到自己所需信息服务的。但反过来，企业为了让用户方便地找到自己的网站，也可以将自己的网站信息交给各大搜索引擎，并采用一定的策略提升在搜索结果列表的排名位置，以便提高被用户找到的概率。十大搜索引擎如图4-2所示。

图4-2　十大搜索引擎

搜索引擎在网络营销中的作用如下：①网站推广，通过搜索引擎实现网站访问量增加的目的，这也是搜索引擎对网络营销的最大价值；②产品推广，对具体产品进行有针对性的推广，让更多用户发现产品信息，尤其是通过购物搜索引擎等方式实现对多种产品的比较，为用户获取购买信息提供支持；③提升企业/网站的网络品牌形象，用户可以方便地通过搜索引擎获取企业网站的信息，有利于企业树立网络品牌形象；④带来更高的访问率，由于搜索引擎拥有众多用户，因此也成为一种网络广告媒体，并且比一般基于网页的网络广告具有更高的定位程度，如果企业网站在搜索引擎上能根据几个重要的搜索关键字达到前20名的排位，就能够得到飞涨的访问率；⑤作为在线市场调研的工具，可以通过搜索引擎收集资料，研究竞争者和用户行为等重要信息；⑥发现商业机会，通过搜索引擎可以获得各种网上发布的商业信息，从中筛选和发现有价值的信息。

3）电子邮件

电子邮件（E-mail）是目前最常使用的互联网服务之一。电子邮件不仅作为一种个人交流工具，同时也日益与企业经营活动密不可分，因此，在网络营销中具有重要的地位，主要功能在于信息收集、传递和交流。电子邮件是最有效、最直接、低成本的信息传递工具，拥有用户的E-mail地址对企业开展网络营销具有至关重要的意义。

电子邮件在网络营销中的作用主要表现在：企业品牌形象、在线顾客服务如GG可视商务系统工具、会员通信与电子刊物、电子邮件广告、网站推广、产品服务推广、收集市场信息、在线市场调查等方面。电子邮件工作原理如图4-3所示。

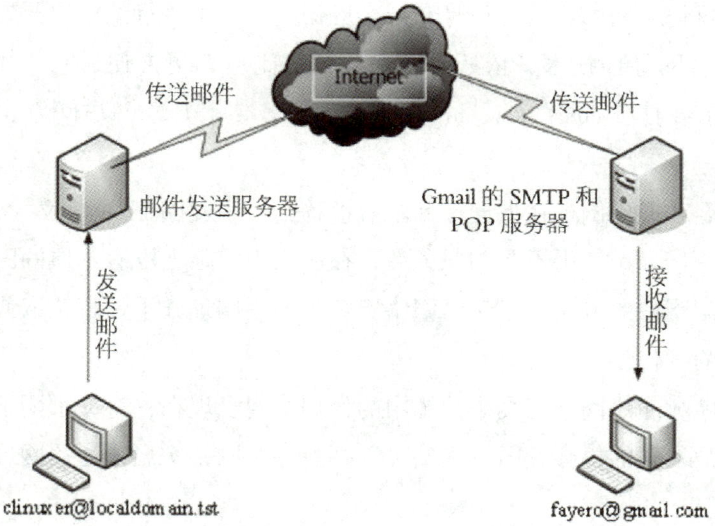

图4-3 电子邮件工作原理

4）即时通信

即时通信，是指可以在线实时交流的工具，也就是通常所说的在线聊天工具。即时通信早在1996年就开始流行，当时最著名的即时通信工具为ICQ。ICQ最初由3个以色列人开发，1998年被美国在线收购。

即时通信有针对个人应用和企业应用的不同类型，目前占主导地位的是个人应用，并且大多是免服务费的。常用的即时通信工具有国外的Yahoo信使、MSN信使、AOL即时信使等；国内常用的即时通信工具有QQ、微信等。此外，网站内部在线用户之间的实时交流也是即时通信的一种应用形式。

即时通信在网络营销中的作用主要体现在实时交流增进顾客关系、在线顾客服务、在线销售中的导购服务、网络广告媒体、病毒性营销信息传播等方面。

5）网络实名和通用网址

网络实名是企业进行网络推广必选的服务。网络实名是新一代的网络访问技术，是由“3721”公司提供的一种互联网技术，企业将产品、服务、行业或品牌、商标、字号名称注册为网络实名，用户仅需安装网络实名插件，即可在浏览器地址栏中输入实名直接访问企业网站，快速方便地在网上找到企业、产品信息，客户不必使用复杂的域名、网址，也不必在成千上万的搜索结果中反复查找。

通用网址是一种新兴的网络名称访问技术，是通过建立与网站地址URL的对应关系，实现浏览器访问的便捷方式，也是继IP、域名之后的新型互联网访问方式。通用网址是一种实名不是域名，与“3721”公司开发的网络实名在格式上是一致的，其服务提供商是中国互联网络信息中心。用户只要在浏览器网址栏中输入通用网址，就可访问网站首页。这是在域名应用基础之上进行的二次开发，类似于搜索引擎的互联网寻址技术，依托于域名，但又比域名更方便，它不用输入http及www，也不需要任何com、net、org等域名后缀，使得互联网访问方式更简便、更加人性化。

网络实名和通用网址在发展过程中曾被称为“中文网址”“中文关键词”“快捷网址”等。它们只是属于不同的服务商，在应用中实际上没有本质的区别，都是用自然语言访问网站的方法。当然，网络实名和通用网址并不是真正取代了网址，只是网址好记的“代号”而已。

网络实名和通用网址在网络营销中的作用主要表现在：有助于网址推广，增加了网站被用户发现的机会，同一网站可以拥有多个网络实名或通用网址。

6）新闻组

新闻组（Usenet）源于美国北卡罗来纳州。1980年，2名学生在几台UNIX计算机上生成第1版Usenet。Usenet最初被设想来公布通知新闻。这种思想萌发了使公告板（BBS）计算机化的一种方案，但不久它便演变成为一种讨论组。它把世界上具有相同兴趣的人们组织起来，每个讨论组都围绕某一特定主体开展讨论，是互联网用户发表言论的一个网络平台，是世界范围内的公共电子公告板系统。新闻组是互联网上非常重要而又富有吸引力的资源，其最大的特点是目标性、免费性和公共性。

7）电子书

网络上发布的电子书，可以免费下载，并鼓励人们再次传播。利用书中加插的广告链接可以达到宣传企业及其产品和服务、获得新用户的目的。这种方式受到关注的最重要原因就在于电子书是一种有效的病毒式营销载体，是网上经常查询的信息内容之一。这也是为什么一些提供电子书下载的网站通常具有较高访问量的原因。电子书在网络营销中主要用于网站推广、产品推广、顾客服务。

电子书的特点有：信息完整并可长期保存，可以离线阅读，便于继续传播，促销和广告信息形式灵活，营销效果可以测量。

8）微博

微博，即微博客（MicroBlog）的简称，是一个基于用户关系的信息分享、传播以及获取平台，用户可以通过Web、WAP以及各种客户端组建个人社区，以140字左右的文字更新信息，并实现即时分享。最早也是最著名的微博是美国的Twitter。

9）微信

微信是腾讯公司于2011年1月21日推出的一个为智能终端提供即时通信服务的免费应用程序，微信支持跨通信运营商、跨操作系统平台通过网络快速发送免费语音短信、视频、图片和文字，同时，也可以使用“摇一摇”“朋友圈”“公众平台”“语音记事本”等服务插件。2014年第二季度末，微信及WeChat的合并月活跃账户同比增长57%，达到4.38亿。据相关统计，目前中国智能手机用户在5亿左右，这意味着智能手机用户中的83%都活跃在手机微信上。

与微博相比，微信在以下几方面具有优势：

（1）人群定位方面：微博粉丝没有微信定位精准，微信通过搜索周围的人，可找到身边的朋友；

（2）互动形式方面：微信发送的消息类型丰富，支持图文混排甚至视频、音频等，形式灵活多样；

（3）精准营销方面：微博是一对多，微信既有一对多，又有一对一；

（4）微博的实际覆盖率比较低，微信则直接推送到对方的手机。

4.3 网络广告

随着信息技术的高速发展，以互联网为传播媒体的网络营销广告成为当今欧美等一些发达国家最炙手可热的广告形式以及网络营销中最重要的组成部分之一。网络广告这种新形式使得无论是广告公司还是广告业主都面临着修正营销传播方式以及选择媒体方面的挑战和机遇。

4.3.1 网络广告的概念

网络广告就是在网络上做的广告。它是利用网站上的广告横幅、文本链接、多媒体的方法，在互联网刊登或发布广告，通过网络传递到互联网用户的一种高科技广告运作方式。

随着互联网的飞速发展，网络广告的市场正在以惊人的速度增长，网络广告发挥的效用越来越明显，以至于广告界甚至有人认为互联网络将超越路牌，成为传统四大媒体（电视、广播、报纸、杂志）之后的第五大媒体，因而众多国际级的广告公司都成立了专门的“网络媒体分部”，以开拓网络广告的巨大市场。网络广告是基于计算机、通信等多种网络技术和多媒体技术的广告形式，其具体操作方式包括注册独立域名、建立公司主页；在热门站点上做横幅广告及链接，并登录各大搜索引擎；在知名BBS上发布广告信息或开设专门论坛；通过电子邮件给目标消费者发送信息等。

网络广告发源于美国。1994年10月14日，美国著名的Wired杂志推出了网络版Hotwired，其主页上开始有AT&T等14个客户的广告Banner。这是互联网广告里程碑式的一个标志。中国的第一个商业性的网络广告出现在1997年3月，传播网站是Chinabyte，广告表现形式为468×60像素的动画旗帜广告。Intel和IBM是国内最早在互联网上投放广告的广告主。我国网络广告一直到1999年年初才稍具规模，历经多年的发展，网络广告行业经过数次洗礼已经慢慢走向成熟。

4.3.2 网络广告的特点

广告的最终目的就是促进销售。企业将产品信息通过媒介传递给消费者，是为了说服、诱导消费者接受广告信息，作出购买决策。网络广告摒弃了传统广告中主要采用的“推”的模式，凭借互联网具有的不同于传统媒体的交互、多媒体和高效的独有特性，采用“推”“拉”相结合模式，使得网络广告呈现出了不同于传统媒介广告的独特优势。

网络广告具有以下特点：

（1）覆盖范围广，跨越时空。

（2）主动性、积极性强。

（3）时间持久。

（4）费用相对较低，性价比高。

（5）表现方式灵活，用户界面友好。

（6）可直达产品核心消费群。

（7）具有强烈的互动性。

除了具有上述优点外，目前，网络广告也存在一些不足，表现在以下几方面：

（1）效果依然难以评估。

（2）广告位的选择有限。

（3）覆盖程度不够高。

4.3.3 网络广告的主要形式

最初的网络广告就是网页本身。当越来越多的商业网站出现后，怎么让消费者知道自己的网站就成了一个问题，急需一种可以吸引浏览者到自己网站上来的方法，于是网络广告的新形式应运而生。

1）网幅广告（包含Banner、Button、通栏、竖边、巨幅等）

网幅广告是网上最常见的广告形式。一般以限定尺度表现商家广告内容的图片形式，放置在广告商的页面上，最醒目的网幅广告是出现在网站主页的顶部（一般为右上方位置）的“旗帜广告”，也称为“页眉广告”或“头号标题”，其形式颇像报纸的报眼广告。一般每个网站主页上只有一个“旗帜广告”，因其位置醒目，广告效果最佳而收费最贵。它是网络广告中最重要、最有效的广告形式之一。为充分利用网页广告区块，不同厂商的网幅广告可以滚动式出现在同一位置，这样一来也分摊了广告费用，降低了广告成本；而少数几个不同的网幅广告滚动出现，不影响广告效果。

网幅广告分为横幅和竖式两种。横幅广告一般出现在网站主页的顶部和底部；竖式广告一般设在网站主页的两侧。

网幅广告是以GIF、JPG、Flash等格式建立的图像文件，定位在网页中大多用来表现广告内容，同时还可使用Java等语言使其产生交互性，用Shockwave等插件工具增强表现力。各大网站上常见的横幅广告如图4-4所示。

图4-4 各大网站上常见的横幅广告

2）文本链接广告

文本链接广告采用超文本方式，字数一般都不会太长，可以安插在用户浏览的每一个页面中。相比图片和动画广告，文字链接广告最大的特点就是节省页面空间。这是一种对浏览者干扰最少，但较为有效果的网络广告形式。有时候，最简单的广告形式效果却最好。文本链接广告如图4-5所示。

图4-5　文本链接广告

3）电子邮件广告

电子邮件广告是通过互联网将广告发到用户电子邮箱的网络广告形式，它针对性强、传播面广、信息量大，其形式类似于直邮广告。电子邮件广告可以直接发送，但有时也有搭载发送的形式，比如通过用户订阅的电子刊物、新闻邮件和免费软件以及软件升级等其他资料一起附带发送。也有的网站使用注册会员制，收集忠实读者（网上浏览者）群，将客户广告连同网站提供的每日更新的信息一起，准确送到该网站注册会员的电子信箱中。电子邮件是网民最经常使用的因特网工具。调查表明，只有不到30%的网民每天上网浏览信息，但有超过70%的网民每天使用电子邮件，企业管理人员尤其如此。电子邮件广告具有针对性强（除非肆意滥发）、费用低廉的特点，且广告内容不受限制。特别是针对性强的特点，它可以针对具体某一个人发送特定的广告，为其他网上广告方式所不及。电子邮件广告如图4-6所示。

图4-6　电子邮件广告

随着电子邮件的普及应用，电子邮件广告已经成为使用最广泛的网络广告形式之一，被许多厂商所采用。值得注意的是，那些未经同意发送的垃圾广告邮件很容易引起用户的反感。因此，只有在真正了解客户需求的基础上适时适量地发送邮件广告，才不会浪费广告费。

4）插播式广告（弹出式广告）

插播式广告，也称弹出式广告，是指访客在请求登录网页时强制插入一个广告页面或弹出广告窗口。它们有点类似电视广告，都是打断正常节目的播放，强迫观看。插播式广告有各种尺寸，有全屏的也有小窗口的，而且互动的程度也不同，从静态的到全部动态的都有。浏览者可以通过关闭窗口不看广告（电视广告是无法做到的），但是它们的出现没有任何征兆，而且肯定会被浏览者看到。弹出式广告如图4-7所示。

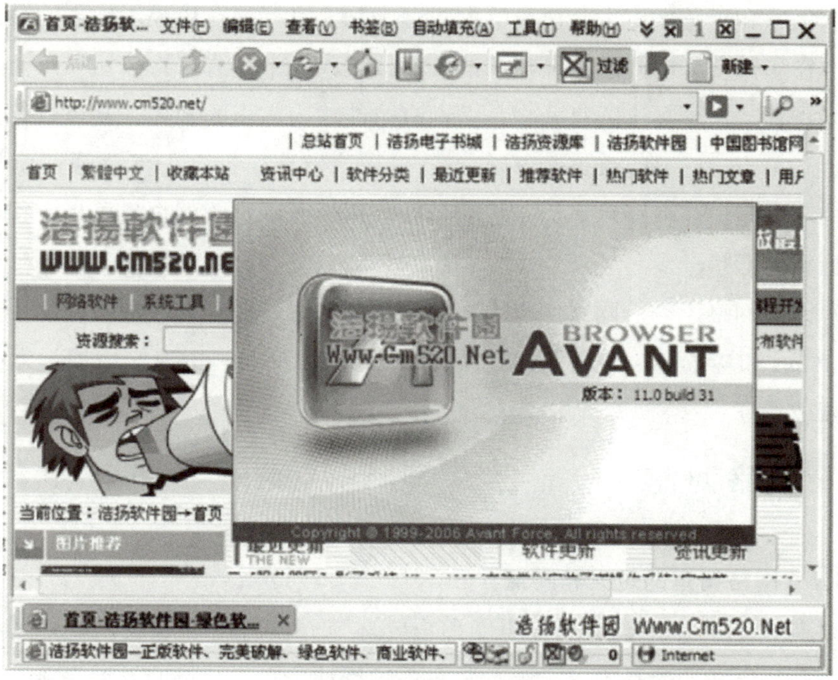

图4-7 弹出式广告

5）插件语言型广告

插件语言型广告一般指使用浏览器插件或其他脚本语言、Java语言等编写的具有复杂视觉效果和交互功能的网络广告，这些广告是否有效一方面取决于站点的服务器端设置，另一方面取决于访问者的浏览器是否能顺利查看。插件语言型广告能表现更多、更精彩的广告内容。

6）赞助式广告

赞助式广告形式多样，广告主可根据自己所感兴趣的网站内容或网站节目进行赞助。其主要分为三种赞助形式：内容赞助、节目赞助、节日赞助。

7）竞赛和推广式广告

竞赛和推广式广告是指广告主可以与网站一起合办其感兴趣的网上竞赛或网上

推广活动。

8）其他广告形式

除了在上面列出的网络广告主要形式外，还有其他许多新的广告形式，其是网络广告主要形式的有效补充，如今正得到越来越多人的关注。

（1）屏保。屏保能在计算机空闲时以全屏的方式播放动画，并且能配上声音，可以说屏保是PC上最好的广告载体。许多知名品牌都制作了自己的屏保程序放在网上供用户下载，并且用户也会使用E-mail来传递屏保程序。好的屏保可以得到相当广的流传，制作公司可以用很小的投入换来极佳的宣传效果。

（2）书签和工具栏广告。浏览器的收藏夹和工具栏现在也成了广告的载体。某些软件会在用户安装的同时，在用户的浏览器工具栏上生成广告按钮。

（3）指针。在网页上的每一样东西都有可能成为广告的载体，甚至鼠标指针也能成为品牌宣传的工具。Comet System公司开了指针广告之先河，通过使用其软件，用户可以指定任何图片成为鼠标的指针，用户所浏览的网页也可指定特定的图片成为指针的形状。

（4）无线网络广告。网络广告正向无线领域进军，已经有公司研发出了可以用在Palm Pilots和Windows CE下的广告软件。随着无线上网用户的增加，无线广告的前景颇被看好。

4.4 网络调查

4.4.1 网络调查的定义和特点

网络调查是网络营销的基本职能和重要环节。没有市场调查，就把握不了市场。企业进行市场调查是为了了解竞争对手的行动、跟上行业的发展潮流、发现新的商机、寻找国内外的战略合作伙伴，而互联网为实现这些目标提供了方便。

网络调查是指以科学的方法，借助于互联网，系统地、有目的地收集、整理、分析和研究所有与市场有关的信息，特别是有关消费者的需求、购买动机和购买行为等方面的市场信息，从而提出解决问题的建议，为企业的网络营销决策提供数据支持和分析依据。与传统市场调查方法相比，利用互联网进行市场调查有调查效率高、节省费用、调查数据处理方便、实时监督、不受地理区域限制等优点。因此，网络调查已成为一种重要的市场调查方法。

网络调查具有以下特点：

（1）广泛性。

（2）即时性。

（3）便捷性。

（4）可靠性。

（5）交互性。

（6）可控性。

4.4.2 网络市场调查的步骤

1）明确网上调研的对象和目的

该步骤应指明本次调查的对象范围，针对工作中要解决的问题，明确调查的目的和任务。

2）制订网上调研计划

这一步骤要求写出调研计划书，调研计划的基本组成如下：

（1）封面。封面主要包括项目名称、委托单位、承办单位、项目负责人、日期等方面的内容。

（2）计划书摘要。计划书摘要部分的内容，即计划书的主要内容简介，一般为300～400字。

（3）计划书结构。

①网上市场调研项目概述。

②网上市场调研项目计划。

③附件。

3）设计网上调研问卷

设计网上市场调研问卷的步骤：

（1）事前准备。

①明确网上市场调研目的。

②了解任务来源。

③确定数据收集方法。

（2）设计问卷。

网上市场调研问卷的格式为：

①卷首说明。

②调研内容。

③结束语。

调查问卷示例如图4-8所示。

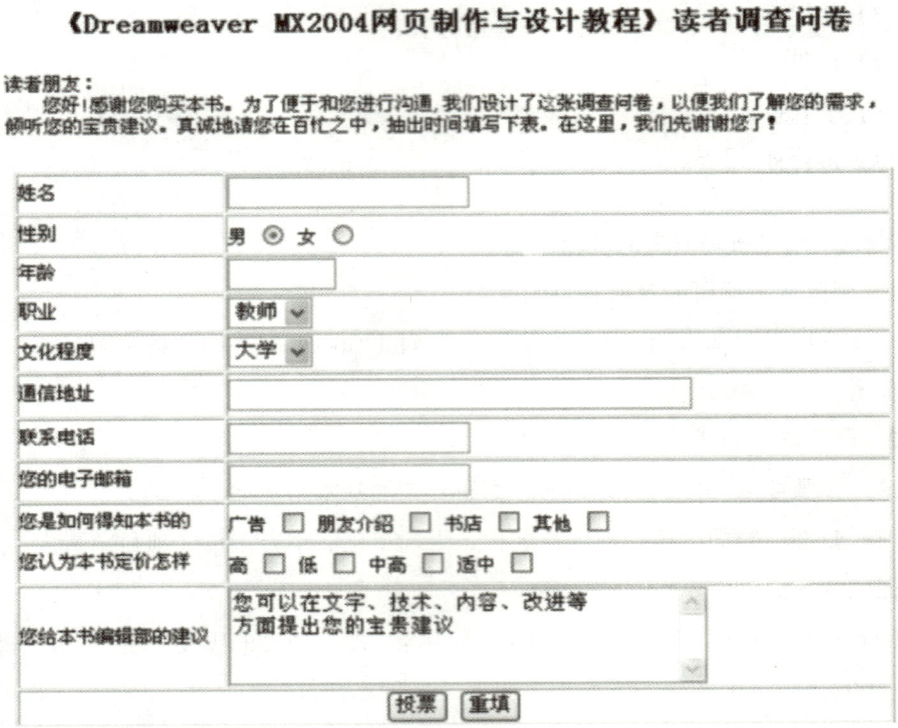

《Dreamweaver MX2004网页制作与设计教程》读者调查问卷

读者朋友：

您好！感谢您购买本书。为了便于和您进行沟通，我们设计了这张调查问卷，以便我们了解您的需求，倾听您的宝贵建议。真诚地请您在百忙之中，抽出时间填写下表。在这里，我们先谢谢您了！

姓名	
性别	男 ⦿ 女 ○
年龄	
职业	教师
文化程度	大学
通信地址	
联系电话	
您的电子邮箱	
您是如何得知本书的	广告 ☐ 朋友介绍 ☐ 书店 ☐ 其他 ☐
您认为本书定价怎样	高 ☐ 低 ☐ 中高 ☐ 适中 ☐
您给本书编辑部的建议	您可以在文字、技术、内容、改进等方面提出您的宝贵建议
	投票 重填

图4-8　调查问卷示例

（3）事后的检查（略）。

4）实施网上市场调研（略）

5）加工、整理、分析数据信息（略）

6）撰写网上市场调研报告（略）

4.4.3　网络调查的方法

利用互联网进行市场调查有两种方法：

1）网上直接调查方法

网上直接调查方法是利用互联网直接进行问卷调查收集一手资料。

网上直接调查的方法根据不同的分类标准有不同的分类，根据调查的方法不同可分为网上问卷调查法、网上观察法、网上试验法和专题讨论法，其中使用最多的是网上问卷调查法。调研过程中具体应采用哪一种方法，要根据实际调查的目的和需要而定。下面将详细介绍如何使用网上问卷进行调查。

（1）站点法。站点法是将调查问卷的HTML文件附加在一个或几个网络站点的Web上，由浏览这些站点的网上用户在此Web上回答调查问题的方法。站点法属于被动调查法，这是目前出现的网上调查的基本方法，已成为目前网上调查的主要方法。

（2）电子邮件法。电子邮件法是通过给被调查者发送电子邮件的形式将调查问卷发给一些特定的网上用户，由用户填写后以电子邮件的形式再反馈给调查者的调查方法。电子邮件法属于主动调查法，与传统邮件法相似，优点是邮件传送的时效性大大地提高了。

（3）随机IP法。随机IP法是以产生一批随机IP地址作为抽样样本的调查方法。随机IP法属于主动调查法。

（4）视讯会议法。视讯会议法是基于Web的计算机辅助访问，是将分散在不同地域的被调查者通过互联网视讯会议功能虚拟地组织起来，在主持人的引导下讨论调查问题的调查方法。这种调查方法属于主动调查法。

问卷调查方法比较客观、直接，缺点是不能对某些问题进行深入调查和分析原因。因此，许多企业设立了BBS以供访问者对企业产品进行讨论，或者参与某些专题的新闻组进行讨论，以深入调查，获取更多有关资料。

2）网上间接调查方法

网上间接调查方法是利用互联网收集与企业营销相关的市场、竞争者、消费者以及宏观环境等二手资料。用于收集二手资料的常用方法有网上搜索法、网站跟踪法、订阅邮件列表法等。网上间接调查渠道主要有WWW、UseNet News、BBS、E-mail，其中WWW是最主要的信息来源，根据统计目前全球有8亿个Web网页，每个Web网页所涵盖的信息包罗万象。

应用与示范

示范一：网上调查问卷的制作

步骤一：在地址栏输入网址：http：//www.sojump.com，进入问卷星网站。问卷星网站主页如图4-9所示。

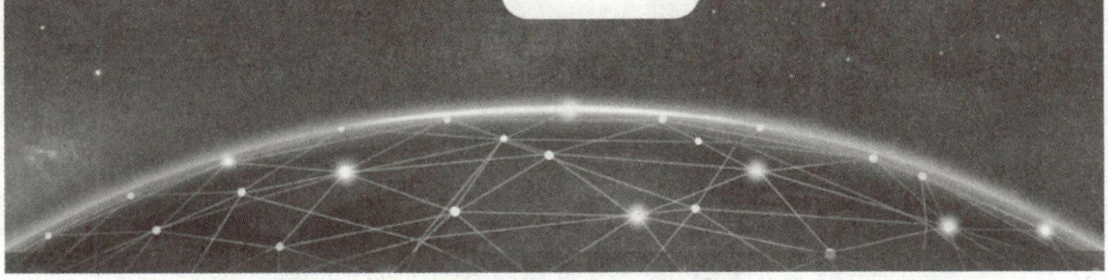

图4-9　问卷星网站主页

步骤二：点击“注册”，进入网站的注册页面。注册新用户页面如图4-10所示。

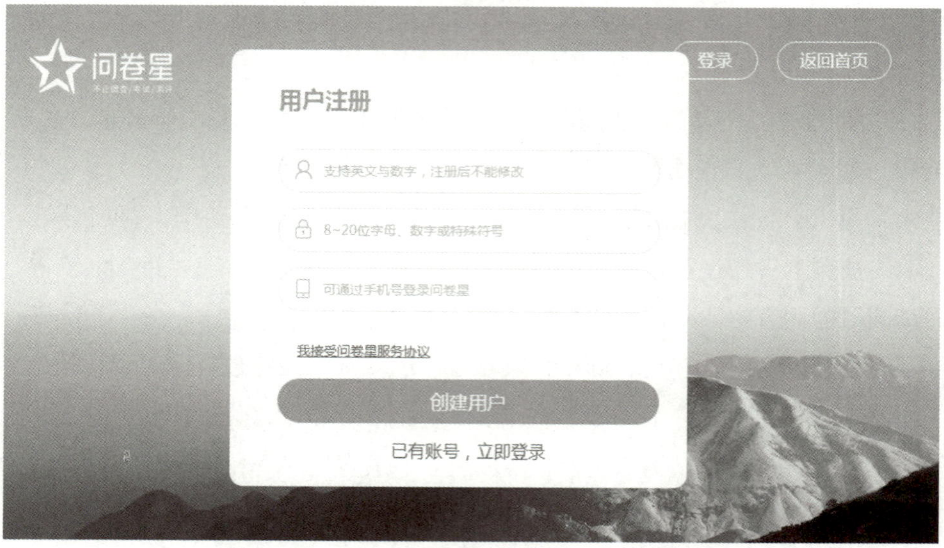

图4-10　注册新用户页面

步骤三：注册完成后，登录进入网站，登录到问卷星网站如图4-11所示。登录到问卷星网站后，系统有六种问卷设计类型可供用户选择，“调查”、“考试”、“投票”、”表单”、“360度评估”和“测评”，用户根据需要选用。在问卷星平台中，一个完整的过程分四步：设计问卷→发送问卷→统计分析→查看&下载。调查问卷的四个流程如图4-12所示。

图4-11　登录到问卷星网站

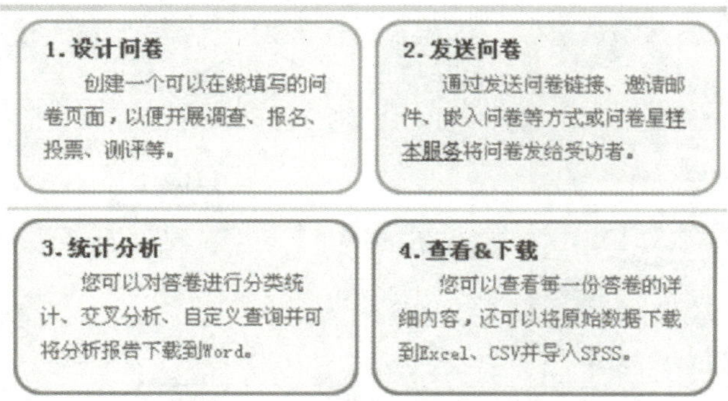

图4-12　调查问卷的四个流程

步骤四：下面以创建“调查”模式设计问卷。单击“创建问卷”按钮，填写“问卷名称”，开始一个新问卷的设计，如图4-13所示。

图4-13　创建新问卷

步骤五：根据问卷设计向导的提示完成问卷编辑工作。在具体设计的同时可以点击“预览问卷”按钮看效果，预览模式可以选择“手机预览”和“电脑预览”，如图4-14所示。

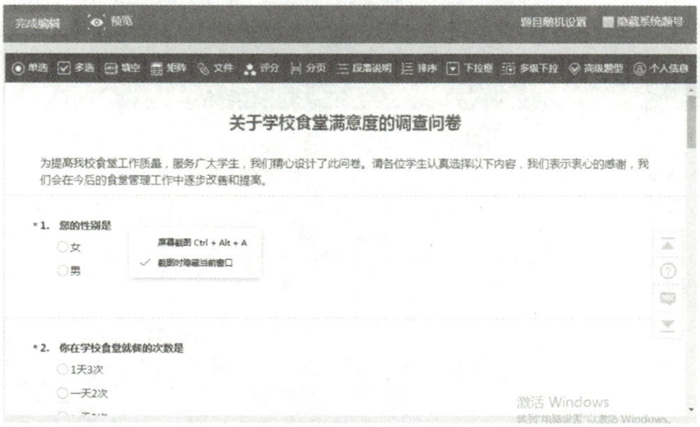

图4-14　编辑调查问卷

步骤六：问卷效果预览，如图4-15所示。

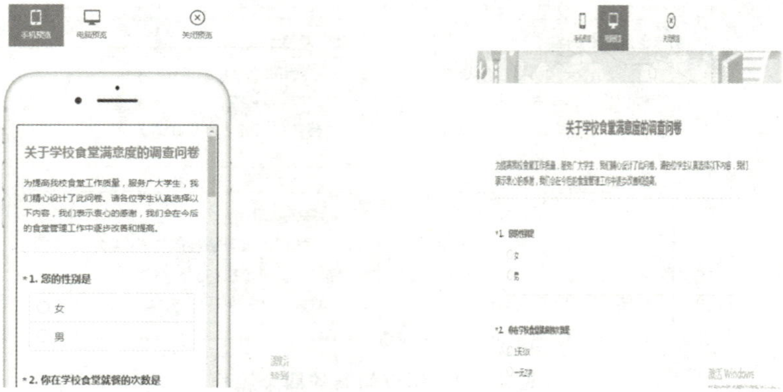

图 4-15　问卷效果预览

步骤七：在问卷设计的主页面，单击某种题型的按钮就可以插入相应的题型，每一大类的题型又分为若干个小题型，插入某种题型后就可以细化设计，如图 4-16 所示。

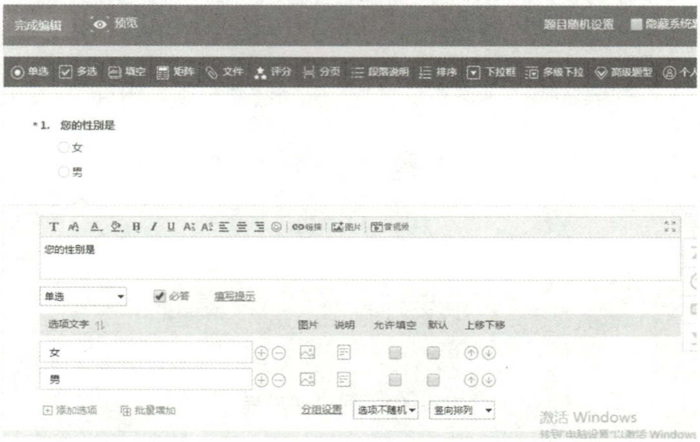

图 4-16　问卷设计界面

下面以设计一个多选题为例介绍问卷的设计：把鼠标移动到“多选题”按钮上，在弹出的下拉式菜单中选择“列表多选”，然后就会在问卷上面出现如图 4-17 所示的内容。

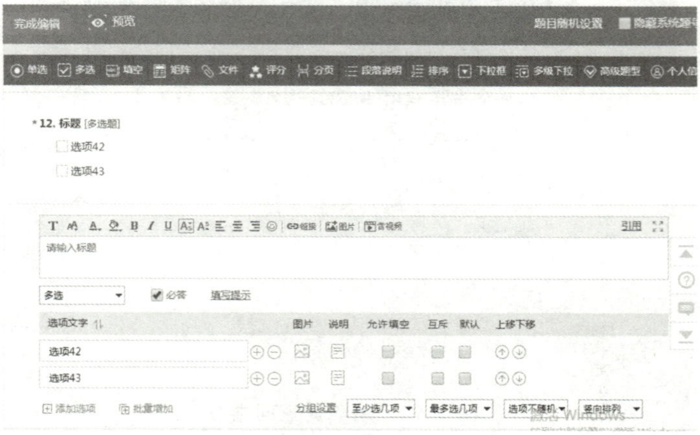

图 4-17　在问卷中插入多选题

步骤八：接下来细化这个多选题，设计问题的标题及答案项。默认的答案项只有两个，可以根据需要插入适当数量的答案项，在设计中可以插入链接、图片和音视频，也可以进行选题的逻辑设置，如图4-18所示。

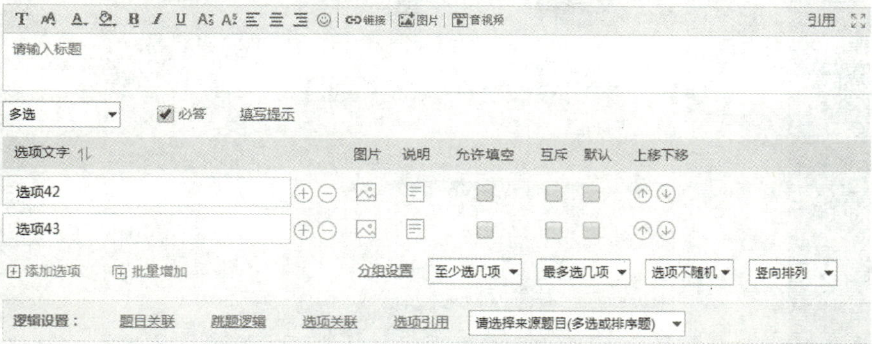

图4-18　设计问题的标题及答案项

单击“完成”按钮完成问题设计后，如果还想对某个问题进行修改，选择“修改问卷”进行修改，如图4-19所示。

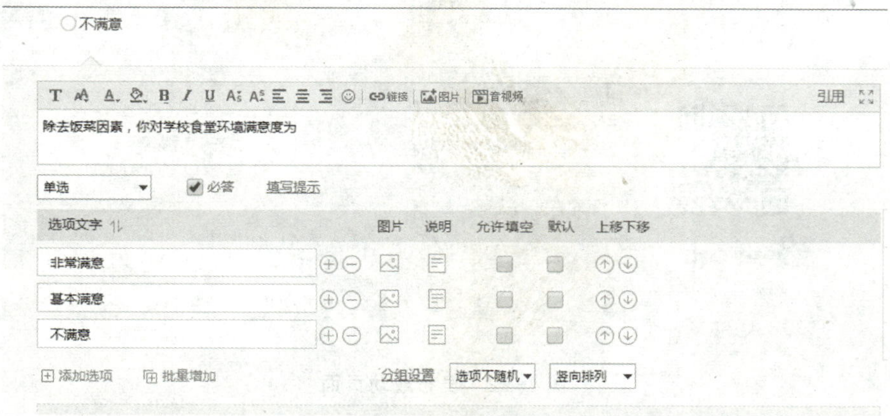

图4-19　修改的编辑命令

步骤九：问卷设计完成并保存后，单击“完成编辑”，如图4-20所示。

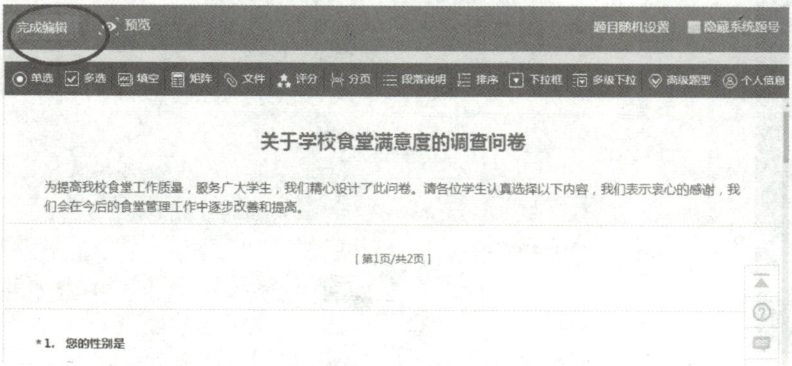

图4-20　完成问卷的编辑

步骤十：发布问卷。单击如图4-21所示的“发布此问卷”，对问卷进行发布，图4-22为发布成功页面。

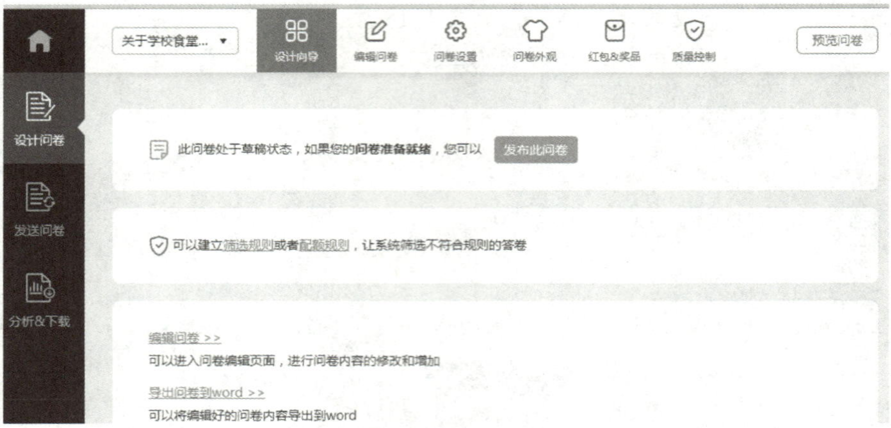

图4-21　即将发布问卷页面

图4-22　发布成功页面

步骤十一：发布问卷后开始回收并查看答案。开始回收答案如图4-23所示。

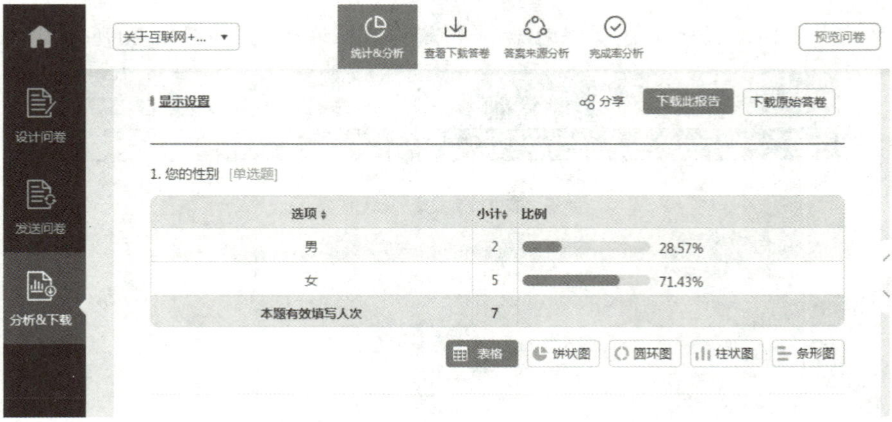

图4-23　开始回收答案

步骤十二：把“问卷链接”内的网址复制下来让被调查人查看、填写，也可以通过QQ等工具将问卷网址发布给被调查人员来填写。填写调查问卷界面如图4-24所示。

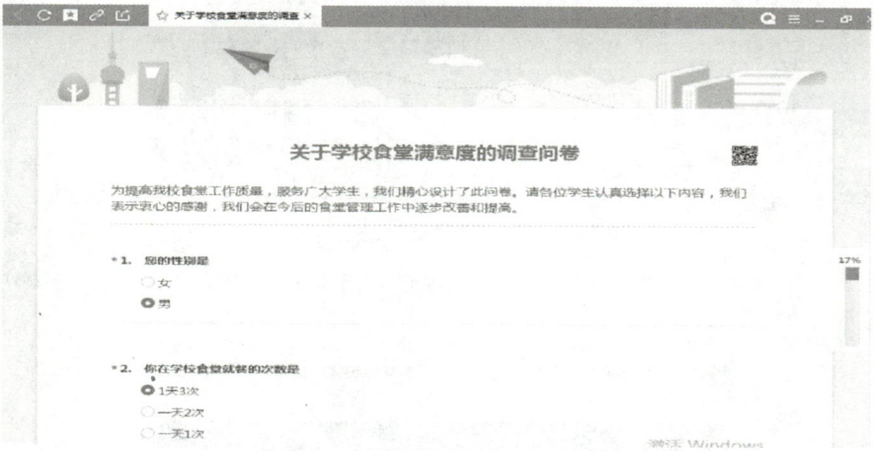

图4-24　填写调查问卷界面

步骤十三：统计分析。网站可随时查看问卷回收结果（包括统计表和统计图），如图4-25所示。

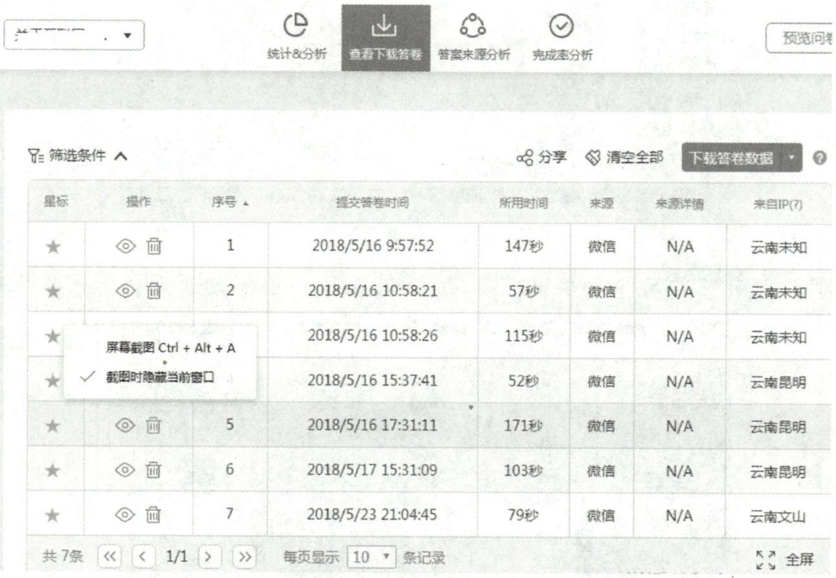

图4-25　查看问卷回收结果界面

示范二：网络广告的制作

步骤一：在地址栏输入网址：http：//banner.alimama.com，进入阿里妈妈广告牌生成器主页。进入页面可以清楚地看到“淘宝卖家专区”和“自己设计”两个按钮。广告生成器主页如图4-26所示。

图4-26　广告牌生成器主页

步骤二：选择“自己设计”，打开新建设计窗口，如图4-27所示，选择广告合适的尺寸。

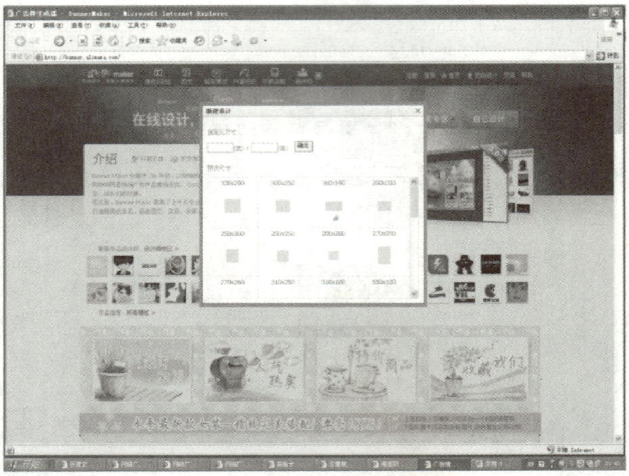

图4-27　新建设计窗口

步骤三：自定义尺寸后单击“确定”，进入Banner制作页面，如图4-28所示。

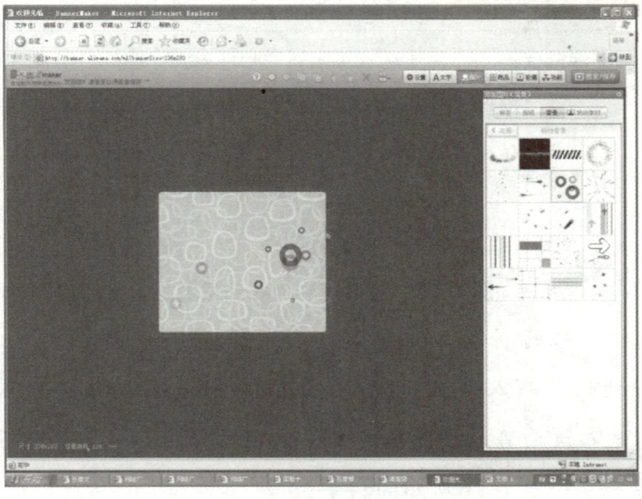

图4-28　Banner制作页面

步骤四：效果设计如图4-29所示。

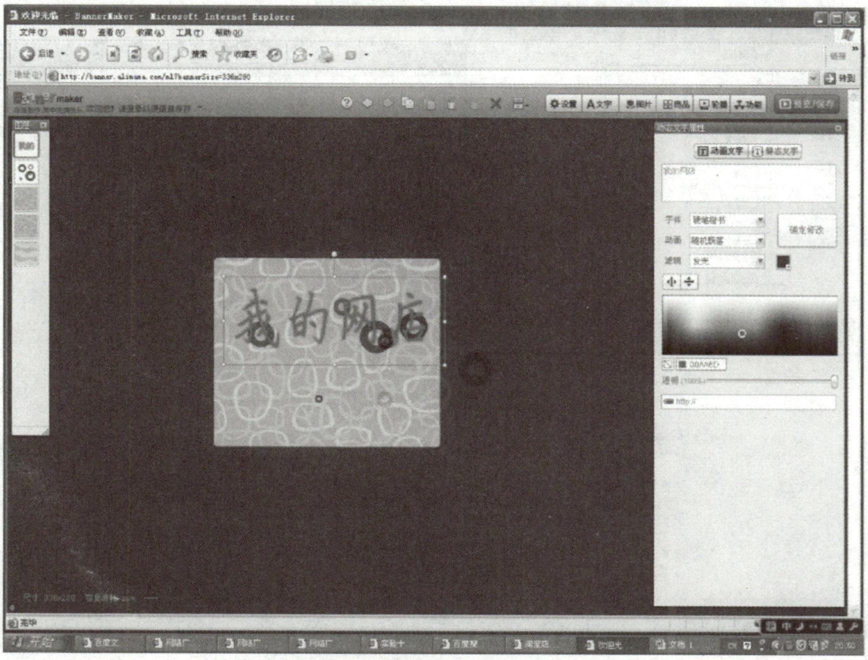

图4-29 效果设计

步骤五：最后单击预览和保存，如图4-30、图4-31所示，下载图片到本地文件夹中，即可以应用到自己的网店里。

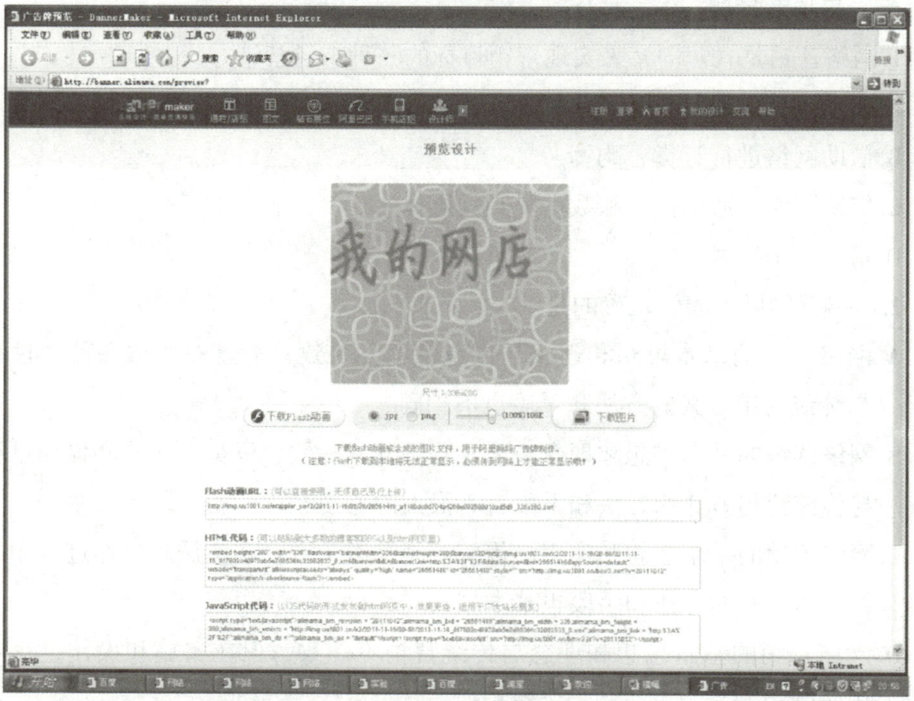

图4-30 预览效果

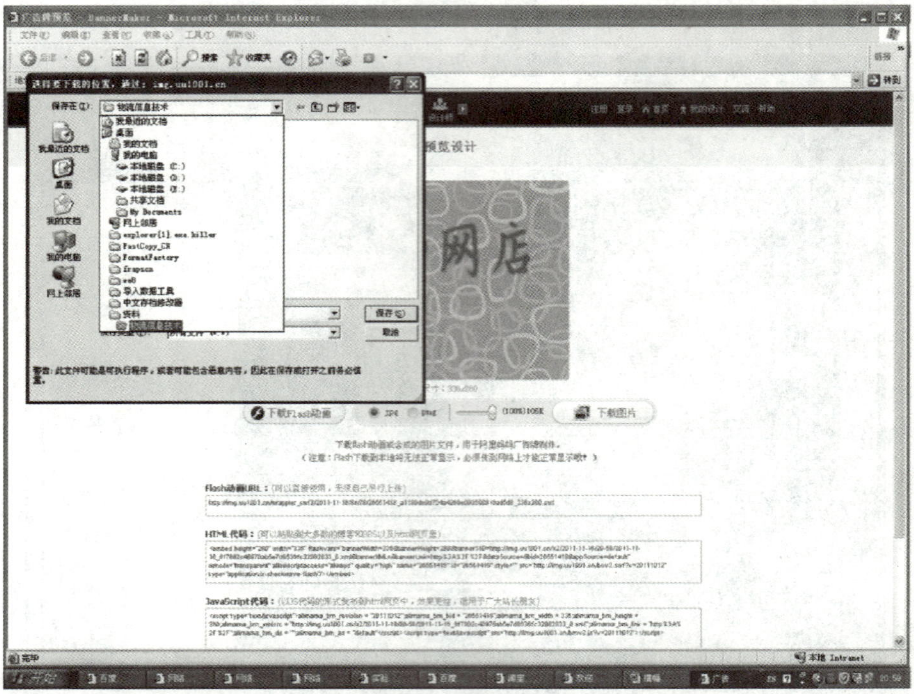

图 4-31 保存设计的广告

检测与巩固

一、单项选择题

1. 网络营销是（　　）来实现营销目标的一种市场营销方式。

A. 借助网上的交易

B. 借助网络进行订货、购物

C. 借助网络、通信技术和数字交互式媒体

D. 借助虚拟技术

2. 网络营销以下表述正确的是（　　）。

A. 网络营销的基本思想和理念与传统营销不一致，而且在实施和操作过程中与传统营销方式的方法和手段也不相同

B. 网络营销的基本思想和理念与传统营销基本一致，只是在实施和操作过程中与传统营销方式的方法和手段有着很大的差别

C. 网络营销的基本思想和理念与传统营销基本一致，在实施和操作过程中与传统营销方式的方法和手段也基本相同

D. 网络营销的基本思想和理念与传统营销不一致，但在实施和操作过程中与传统营销方式的方法和手段很相似

3.建立企业网站（　　）。

A.是网络营销的前提条件　　B.对互联网广告并不重要

C.是互联网的一种广告手段　　D.是在局域网环境下进行的

4.网络广告的类型有（　　）。

A.旗帜广告　　B.按钮型广告

C.电子邮件广告　　D.以上都是

5.广告的5个要素是广告主、广告媒体、广告受众、广告费用和（　　）。

A.广告信息　　B.广告策划人员

C.广告发布人员　　D.广告载体

6.网络广告媒体与传统广告媒体最大的区别是（　　）。

A.广告费用大大降低

B.效率高，收益大

C.可提供详细的广告效果统计分析数据

D.不受时间、地域的限制

7.（　　）是网上调查的被调查对象。

A.合作者　　B.领导者　　C.组织者　　D.上网者

8.网络调查就是充分利用互联网的（　　）特点。

A.广泛性　　B.及时性　　C.交互性　　D.以上全是

9.（　　）是网络直接调查方法。

A.问卷调查法　　B.网上搜索法　　C.BBS　　D.E-mail

10.微信是一个为智能终端提供即时通信服务的免费（　　）。

A.应用程序　　B.软件　　C.工具　　D.产品

二、简答题

1.什么是网络营销？它有什么特点？

2.网络营销与传统营销有什么区别和联系？

3.什么是市场营销的“4P”理论和“4C”理论？

4.简述搜索引擎在网络营销中的作用。

5.常用的网络营销工具有哪些？

6.微博与微信相比较有哪些不同？

7.什么是网络广告？其有何特点？

8.网络广告的形式有哪些？

9.网络调查的方法有哪些？

训练与提高

◆训练目标

（1）体验网络营销的几种常用工具的操作方法；

（2）学会利用相关工具搜索新闻、商品、文件、广告等；

（3）能够区分几个著名网站主页上的广告类型；

（4）会制作简单的Banner广告并进行网上调查问卷的设计。

◆训练要求与建议

（1）进入百度、Google、新浪等网站中体验网络营销的几种常用工具（搜索引擎、新闻组、电子邮件广告等）的操作方法。

（2）打开新浪、阿里巴巴、淘宝、腾讯、搜狐、网易网站，查看各种类型的网络广告，并将其截屏，复制到新建文档中，以作业的方式上交任课老师。

（3）设计简单的、具有个性特色的网络广告。

（4）设计制作一份针对本校或者本班学生关于小卖店、食堂、社团等的调查问卷，利用问卷星等网站，在线制作发布，同学间相互填写，收回问卷并进行统计，写出一篇简短分析报告。

评价与建议

评价与建议表见表4-1。

表4-1　**评价与建议表**

项　目	能独立完成	合作完成	继续学习	意见和建议
能区分各种网络广告的类型				
会利用搜索引擎查询资料				
会制作简单的Banner广告				
会制作简单的网上调查问卷				
能利用调查问卷的结果写简单的分析报告				

注：在符合自己情况的单元格内打“√”或“×”，也可以填“是”或“否”。

第5章

电子商务实现的保障

学习目标

知识目标

1.了解电子商务法律保障的必要性以及电子商务相关法律法规；

2.理解电子商务安全保障的内容；

3.掌握电子支付的概念，各种电子支付工具的区别；

4.掌握常见电子商务安全技术的使用原理。

技能目标

1.掌握简单的网上安全防范技术，具备网上付款等基本业务能力；

2.能够识别各种电子支付工具，会申请和使用支付宝。

2018年5月15日，中国电子商务研究中心发布了《2017—2018年度中国电子商务法律报告》。该报告由中国互联网+产业第一智库——中国电子商务研究中心，携手多位国内知名电商界一线实战律师群策群力、优势互补，共同调研、分析、撰写而成。报告研究范围囊括B2B、网络购物、O2O、物流快递、移动电子商务、微商等各细分领域，对出现的典型事件进行分析解读，并对年度立法进行聚焦。

（了解更多精彩内容，请扫描二维码或访问中国电子商务研究中心网页：http：//b2b.toocle.com/zt/flbg/）

5.1 电子商务的支付保障

随着Internet技术和电子商务的迅速发展，电子支付系统已经成为现代金融领域不可或缺的组成部分。电子商务的广阔发展前景，吸引了更多资源投入，促使电子支付技术日益成熟和完善，而更为成熟安全的电子支付技术又促进了电子商务的飞速发展。随着电子商务的普及，电子支付必然成为主要的支付方式。快捷、方便和安全的电子支付也必将给人类的商务活动带来新的改变和发展，成为人们生活质量稳步提高的一个标尺。

读一读

韩某有一天在网上浏览，发现一辆二手帕萨特汽车起拍价只有10元人民币，他想可能是网站在搞什么促销活动，就参加了竞拍。几轮下来他成功了，成交价是116元。网站通过电子邮件进行了确认，并给他发来了电子合同。韩某根据网站提供的电话，跟卖主联系，卖主是一家卖二手车的汽车经销公司，也收到了网站发来的电子合同，但是该公司坚决不同意交车，理由是这份合同无效，因为：第一，汽车的底拍价是10万元而不是10元，在网站上显示的10元底拍价是由于其工作人员输入失误造成的；第二，他们认为116元就把车卖了，这样一个合同是不公平的。韩某的手上有三份证据：一份是网站给他发来的电子确认书，第二份是电子合同，第三份是整个交易过程的证据。经多次交涉无果，韩某最后只好把汽车经销公司告到法院。

想一想

（1）这个网上竞拍的电子合同是否有效？为什么？

（2）本案反映出电子商务活动中的法律规范存在哪些问题？

5.1.1 电子支付的概念

传统支付使用现金或银行存款结算，通常在银行柜台办理。常见的传统支付方式包括现金支付、票据支付、汇兑、委托收款、托收承付等。相较于电子支付，传统支付方式存在着以下不足：（1）缺乏方便性，传统支付方式通常要求消费者到柜台办理，以电话或寄送支票的方式进行结算；（2）缺乏安全性，为了在Internet上完成传统支付，消费者必须在线提供卡/账户以及其他个人信息，但又没有足够的担保时间以保证能够发现欺诈、透支和其他陷阱的存在，这使得支付过程中存在着一定的风险；（3）传统支付覆盖面窄、适用性不强，比如说信用卡，并不是所有的消费者都具备拥有信用卡的资格，而信用卡只能在特约的经销商处使用；（4）小额成本交易较高，网络交易大多以小额交易为主，如果业务均采用传统支付方式进行结算，所花费的邮寄和电话费用都是额外开销，导致支付成本相对较高，这也限制了交易的进行。

电子支付（E-payment）是指电子交易的当事人（通常涉及三方，即消费者、商家和银行）通过网络以电子数据形式进行的货币支付或资金流动。

该定义首先明确了电子支付涉及的实体，参与方有消费者、商家和银行，三方缺一不可；其次提出了电子支付的形式和途径，它有别于传统支付方式，是以金融电子化网络为基础、以商用电子化机具和各类交易卡为媒介、以计算机技术和通信技术为手段、以电子数据（二进制数据）形式存储在银行的计算机系统中，并利用安全、认证技术通过计算机网络以电子信息传递，实现方便、快捷、安全的资金流通和支付。

网上支付是电子支付的一种形式，它是通过第三方提供的与银行之间的支付接口进行的即时支付方式，这种方式的好处在于可以直接把资金从用户的银行卡中转账到网站账户中，汇款马上到账，不需要人工确认。客户和商家之间可采用信用卡、电子钱包、电子支票和电子现金等多种电子支付方式进行网上支付。电子支付的流程如图5-1所示。

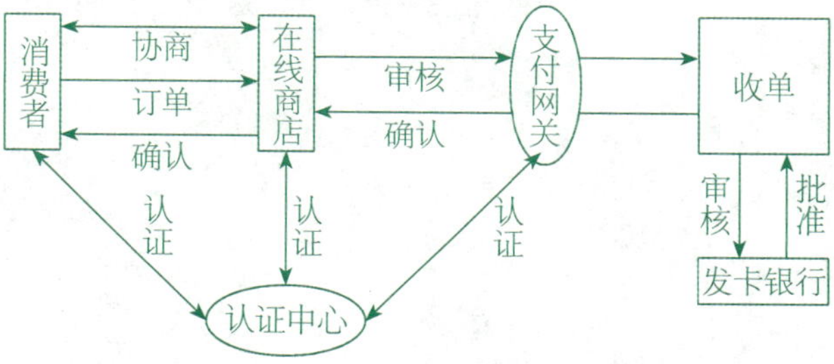

图5-1 电子支付的流程

5.1.2 电子支付的特点

电子支付的产品和工具种类繁多，形式多样，但一般具有下列共同特性：

（1）技术先进性。

（2）多功能性。

（3）普适性。

（4）安全易用性。

（5）可信赖性。

5.1.3 电子支付系统的概念

1）定义

电子支付系统是电子商务系统的重要组成部分，它是用电子技术，主要包括计算机技术和通信技术，在网络中发出、传递支付指令，通过电子支付工具完成支付结算的支付系统，集购物流程、支付工具、安全技术、认证体系、信用体系以及现在的集金融体系为一体的综合大系统。

2）电子支付系统构成

电子支付系统构成如图5-2所示。

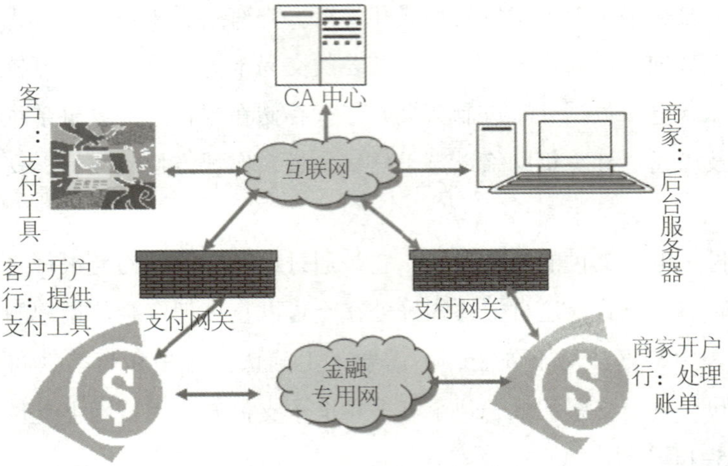

图5-2 电子支付系统构成

3）电子支付系统的分类

（1）根据支付工具划分

①电子信用卡模型。

②电子现金支付模型。

③电子支票支付模型。

这些模型并不代表新的支付模型，仅仅是传统支付方式的电子表达形式。它们的共同特点是：实际的资金流向是从客户的账户流向商家的账户。

（2）根据连接方式划分

①在线支付（On-line Payment）。

一个典型的在线电子支付系统如图5-3所示。该系统要求客户和商家必须在各自的银行中建立账户，其中客户账户所在的银行通常称为发行银行，而负责从商家接收支付记录的银行称为接收银行。支付网关可以由金融机构或第三方控制，处理客户和商家之间的支付请求。

②离线支付（Off-line Payment）。

所谓离线支付，一般只需提供卡号、有效期、CVV码、签名等。有时签名甚至都不是必需的。这种交易虽然在网络上发生，但并不是实时完成，是对方在网络上获取用户的相关资料后才申请收款，属于离线交易。

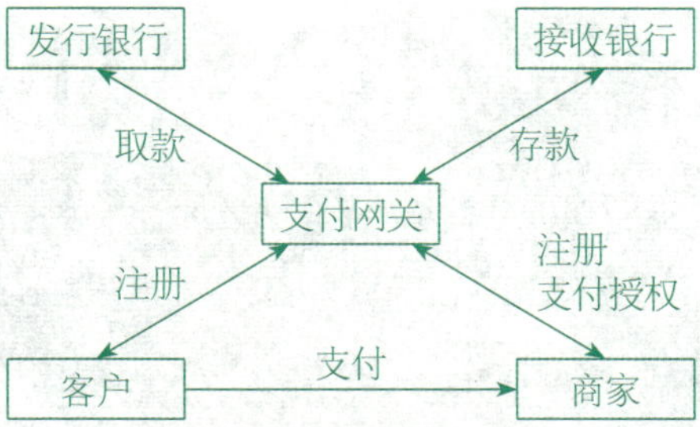

图5-3 在线电子支付系统

（3）根据支付额度不同划分

①小额批量电子支付系统。

②大额实时支付系统。

③ATM、POS授权系统。

④国际支付系统。

⑤中国支付系统。

5.1.4 电子支付工具的种类

目前，电子支付的工具可以分为三大类：第一类是电子信用卡类，包括智能卡、借记卡、电话卡等；第二类是电子货币类，如电子现金、电子钱包等；第三类是电子支票类，如电子支票、电子汇款、电子划款等。

1）智能卡（Smart Card）

智能卡又叫IC卡，是一种集成电路卡，是一种将具有微处理器及大容量存储器的集成电路芯片嵌装于塑料等基片上而制成的卡片。

IC卡由于其固有的信息安全、便于携带、比较完善的标准化等优点，在身份认证、银行、电信、公共交通、车场管理等领域正得到越来越多的应用，例如二代身份证，银行的电子钱包，电信的手机SIM卡，公共交通的公交卡、地铁卡，用于收取停车费的停车卡等，都在人们日常生活中扮演着重要角色。

IC卡最早是在法国问世的。20世纪70年代中期，法国Roland Moreno公司采取在一张信用卡大小的塑料卡片上安装嵌入式存储器芯片的方法，率先开发成功IC存储卡，如图5-4所示。

智能卡的结构主要包括程序编制器、操作系统代理和应用程序接口代理三个部分。

2）借记卡（Debit Card）

借记卡是指先存款后消费、没有透支功能的银行卡。借记卡大多具备本外币、定期、活期等储蓄功能，可在发卡银行网点、自助银行存取款，也可在全国乃至全

图 5-4 智能卡

球的ATM机上取款，是近年来最受欢迎的支付卡。

3）电子现金（E-Cash）

电子现金又叫数字现金，是一种在网上当作现金使用的电子货币，是以数字化形式存在的电子货币。它把现金数值转换成为一系列的加密序列数，通过这些序列数来表示现实中各种金额的币值。

电子现金支付有三种典型的使用系统：DigiCash系统、NetCash系统和Mondex系统。

电子现金具有以下特点：

（1）银行和商家之间应有协议或授权关系。

（2）用户、商家和E-Cash银行都要使用E-Cash软件。

（3）E-Cash银行负责用户和商家之间资金的转移。

（4）身份验证是由E-Cash本身完成的。

（5）匿名性。电子现金不能用于跟踪持有者信息。

（6）具有现金的特点，可以存、取、转让，适用于小额交易。

（7）节省交易费用和传输费用。

（8）防伪造。

（9）持有风险小。

（10）支付灵活方便。

电子现金带来的问题，主要包括税收和洗钱、外汇汇率的不稳定性、货币供应的干扰、恶意破坏与盗用等问题。电子现金的安全使用也是一个重要的问题，如限于合法人使用、避免重复使用等，特别是避免重复使用，因为电子现金本身是电子数据，很容易被复制修改。

4）电子钱包（Electronic Purse）

电子钱包是一种虚拟的钱包，它以智能卡为电子支付系统，增加了多种用途，具有信息储存、查询管理、安全密码锁等功能。世界上最早的电子钱包系统叫

Mondex，是英国国民威斯敏斯特银行开发的。目前世界上有Visa Cash和Mondex两大电子钱包服务系统。通常大多数电子钱包软件都可以免费获得。

5）电子支票（Electronic Check，E-Check或E-Cheque）

电子支票是一种借鉴纸张支票转移支付的优点，利用数字传递将钱款从一个账户转移到另一个账户的电子付款形式，就是将支票转变为带有数字签名的电子报文。电子支票涉及三个实体，即购买方、销售方以及金融机构。

电子支票的优点主要体现在以下几个方面：

（1）电子支票与传统支票十分相似，客户不必再接受培训，所以接受度很高。

（2）电子支票适宜做小额的清算。

（3）企业可以将其作为内部资源管理工具，通过网络完成支付。

（4）电子支票技术可连接公众网络、金融机构和银行票据交换网络，以达到通过公众网络连接现有的金融付款机构的目的。

6）第三方支付

第三方支付是指具备一定实力和信誉保障的独立机构，通过与网联对接而促成交易双方进行交易的网络支付模式。

在第三方支付模式下，买方选购商品后，使用第三方平台提供的账户进行货款支付（支付给第三方），并由第三方通知卖家货款到账、要求发货；买方收到货物，检验货物，并且进行确认后，再通知第三方付款；第三方再将款项转至卖家账户。生活中，我们常见的第三方支付有支付宝、微信支付、云闪付等。

7）手机支付

手机支付是电子支付的一种，也称为移动支付，是指交易双方为了某种商品或者服务，使用手机作为支付载体，通过移动通信网络完成的一种支付行为。简而言之，就是允许用户使用其移动终端（通常是手机）对所消费的商品或服务进行账务支付的一种服务方式。用户可以通过短信、WAP、客户端等多种形式，利用手机号码、支付卡、银行卡等多种支付账户，进行账单支付、手机充值、公用事业缴费、订购商品、自助金融等手机自助支付活动。广义的手机支付指的是用户主导的通过手机这种介质完成的资金转移；狭义的手机支付是指通过手机实现的非语音方式的资金转移。广义的手机支付不仅包括了狭义部分，还包括用语音操作完成的资金转移，即电话银行业务。一般情况下，我们所讨论的手机支付均指狭义的定义。

手机支付的本质是资金的转移，核心是支付账户，支付介质是手机。

5.1.5 各类电子支付工具的使用方法

1）智能卡的使用方法

首先是在计算机或者终端电话上启动用户的因特网浏览器；然后使用智能卡，通过安装在计算机上的读卡机，登录到为用户服务的银行Web站点上，智能卡会自动告知银行的账号、密码和其他一切加密信息；完成之后，用户就可以从智能卡中下载现金到商家的账户上，或从银行账户下载现金存入智能卡，按屏幕提示信息操作即可。

2）电子现金的使用方法

（1）在E-Cash发布银行开立E-Cash账号，用预先存入的现金来购买电子现金证书，这些电子现金就有了可以在商业领域中进行流通的价值。

（2）用户使用计算机电子现金终端软件从E-Cash银行中取出小额电子现金，存在自己的计算机硬盘上。

（3）用户（买方）与同意接收电子现金的商家（卖方）洽谈，签订订货合同，使用电子现金支付所购商品的费用。具体做法是用卖方的公钥加密E-Cash后，将它传送给卖方。

（4）接收电子现金的商家与买方的电子现金发放银行（E-Cash银行）之间进行清算，E-Cash银行将用户购买商品的钱支付给商家（卖方）。

3）电子钱包的使用方法

（1）和商家达成购销协议并选择用电子钱包支付。

（2）选定用电子钱包付款并将电子钱包装入系统，输入保密口令并进行付款。

（3）电子商务服务器进行合法性确认后，在信用卡公司和商业银行之间进行应收款项和账务往来的电子数据交换和结算处理。

（4）经商业银行证明电子钱包付款有效并授权后，商家发货并将电子收据发给顾客；与此同时，商家留下整个交易过程中发生往来的财务数据。

（5）商家按照顾客提供的电子订货单将货物在发送地点交到顾客或其指定人手中。

4）电子支票的使用方法

（1）消费者和商家达成购销协议并选择用电子支票支付。

（2）消费者通过网络向商家发出电子支票，同时向银行发出付款通知单。

（3）商家通过验证中心对消费者提供的电子支票进行验证，验证无误后将电子支票送交银行索付。

（4）银行在商家索付时通过验证中心对消费者提供的电子支票进行验证，验证无误后即向商家兑付或转账。电子支票如图5-5所示。

图5-5 电子支票

5.1.6 网络银行

1995年10月，美国三家银行联手推出全球第一家网上银行，即安全第一网络银行（Security First Network Bank，SFNB）。SFNB对300年来的传统金融业产生了前所未有的冲击，由此揭开网上银行的发展序幕，国际各大商业银行相继推出网上银行，传统银行也纷纷建立起自己的网络银行。

在国内，我国第一笔网上业务于1998年3月6日在中国银行网上交易成功。中国银行是我国第一家网上银行，于1999年6月30日成功开通，并陆续在北京、上海、广州、深圳等地投入运行。

网络银行，又称网上银行，或在线银行，英文为Internet Bank或Network Bank。它是指一种以信息技术和互联网技术为依托，通过互联网平台向用户开展和提供开户、销户、查询、对账、行内转账、跨行转账、信贷、网上证券、投资理财等各种金融服务的新型银行机构与服务形式，为用户提供全方位、全天候、实时、便捷的金融服务系统。

与传统的银行业务相比，网上银行具有以下特点：（1）全面实现无纸化交易；（2）服务方便、快捷、高效、可靠；（3）经营成本低廉；（4）简单易用。

5.2 电子商务的安全保障

5.2.1 电子商务面临的威胁

CNNIC（中国互联网络信息中心）的一份调查结果显示，用户认为目前网上交易存在的最大问题如图5-6所示。

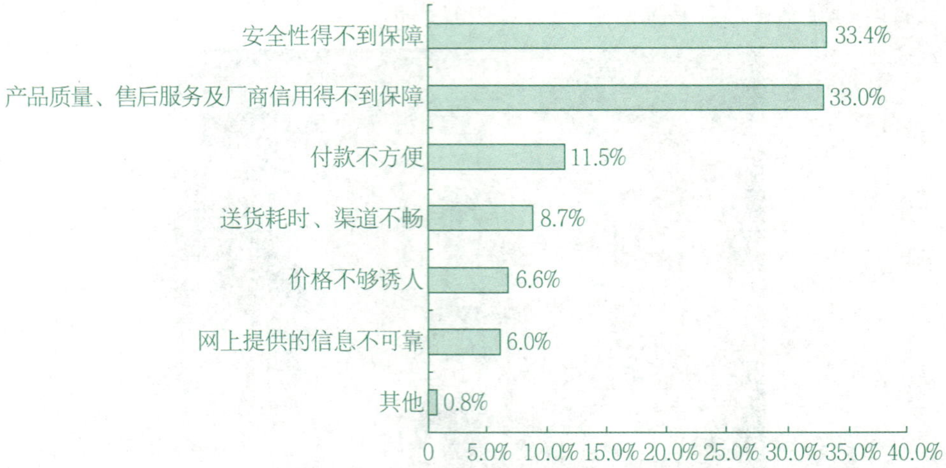

图5-6　用户认为目前网上交易存在的最大问题

1）黑客

黑客是指利用自己掌握的计算机系统，偷阅、篡改或窃取他人机密数据资料，甚至在计算机网络上进行犯罪活动的人。黑客在网络上经常采用的手段主要有：

（1）利用操作系统提供的缺省账户进行攻击。

（2）截取口令。

（3）通过网络监听或记录用户的击键得到用户的口令。

（4）寻找系统漏洞。

（5）偷取特权。

（6）清理磁盘。

2）计算机病毒

病毒是能够破坏计算机系统正常运行、具有传染性的一段程序。计算机病毒被发现多年来，其种类呈几何级数增长。目前，活跃的病毒已达14 000种，病毒机理和变种不断演变，给检测与消除带来了很大的难度，成为计算机及其网络发展的一个很大的危害。计算机被感染病毒的途径有：从互联网上下载软件、运行电子邮件中的附件、通过交换磁盘来交换文件、将文件在局域网中进行复制。

3）网络内部的安全威胁

网络内部的安全威胁主要是指来自网络内部的用户攻击或内部用户因误操作造成口令失密而遭受的攻击。

4）拒绝服务攻击DOS

拒绝服务攻击DOS，就是利用合理的服务请求来占用过多的服务资源，从而使合法用户无法得到服务的响应。

5）电子商务的安全问题

电子商务的安全问题涉及的方面很广。首先，它是一个复杂的管理问题，对于企业而言，内部网的管理已经很复杂了，当把企业网与互联网相连时，性能、安全、可管理性等方面都面临着巨大的挑战。其次，它是一个技术安全问题，要求电子商务比有纸贸易更安全可靠，这就需要技术上的保证，如数字签名等。最后，它是一个法律问题，电子商务安全问题的真正解决需要通过法律的完善来保证。

电子商务的安全要素主要有以下几个方面：

（1）有效性、真实性。

（2）机密性。

（3）完整性。

（4）可靠性、不可抵赖性和可控性。

（5）审查能力。

5.2.2 电子商务安全技术

1）防火墙技术

（1）概念：防火墙是在内部网和互联网之间构筑的一道屏障，是在需要区分处设置隔离设备，用以保护内部网中的信息、资源等不受来自互联网中非法用户的侵犯。防火墙模拟图如图5-7所示。

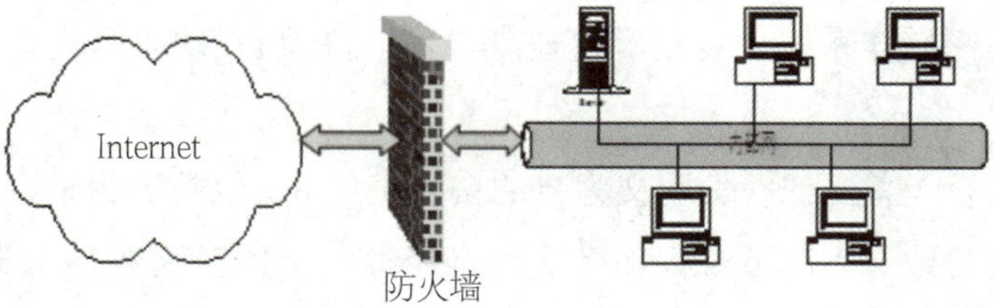

图5-7 防火墙模拟图

（2）功能：①防火墙是网络安全的屏障；②防火墙可以强化网络安全策略；③防火墙对网络存取和访问进行监控审查；④防火墙防止内部信息的外泄。

2）数据加密技术

密码技术的基本思想是伪装信息，隐藏信息的真实内容，以使未授权者不能理解信息的真正含义，达到保密的作用。具体的就是对信息进行一组可逆的数学变换。伪装前的信息称为明文，伪装后的信息称为密文，将信息伪装的过程称为加密，将密文再还原为明文的过程称为解密，解密是在解密密钥（Key）的控制下进行的，用于解密的这组数学变换称为解密算法。密钥的长度是指密钥的位数，一般来说，密钥的位数越长，被破译的可能性就越小。

明密文对照关系如图5-8所示。

A	B	C	D	E	F	G	H	I	J	K	L	M	N	O	P	Q	R	S	T	U	V	W	X	Y	Z
D	E	F	G	H	I	J	K	L	M	N	O	P	Q	R	S	T	U	V	W	X	Y	Z	A	B	C

图5-8 明密文对照关系

例如，要发送一个军事命令给前线，明文为“今晚9点发动总攻”。

明文：JIN WAN JIU DIAN FA DONG ZONG GONG

密文：MLQ ZDQ MLX GLDQ ID GRQJ CRQJ JRQJ

加密算法是将明文字母后移3位，解密就是将密文字母前移3位，3就是加解密的密钥，由它控制加解密过程。

（1）对称密钥密码体系

对称密钥密码体系又称单密钥密码体制，即信息交换双方共同约定一个口令或一组密码，建立一个通信双方共享的密钥。对称密钥密码工作原理如图5-9所示。

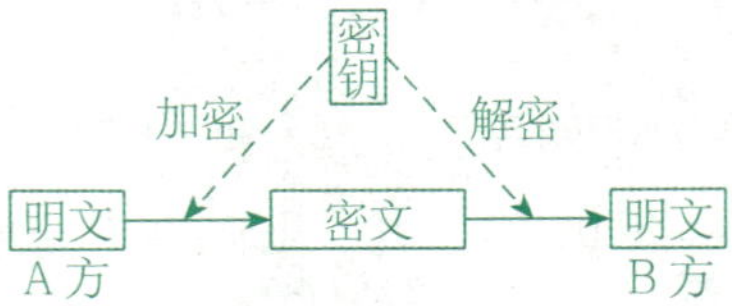

图5-9 对称密钥密码工作原理

对称密钥密码体系的优点是解密速度很快（高效）；缺点是安全性能差、密钥难于管理。

例如，假设A需要把一份明文为M的资料发给B，但是因为怕资料在传输的中途被窃听或者篡改，A用了对称加密法将M经过一个加密函数Fk处理后生成M´加密文，而B接收到加密文后通过事先商定好的Fk再次处理M´便可以还原成明文M，从而达到安全传输信息的目的。

A处：M´=Fk（M）

B处：M=Fk（M´）

（2）非对称密钥密码体系

非对称密钥密码体系也称双密钥密码体制，即信息交换一方掌握两个不同的密钥：一个是可以公开的密钥作为加密密钥（常称公钥）；另一个则是秘密保存的作为解密的密钥（常称私钥）。非对称密钥密码工作原理如图5-10所示。

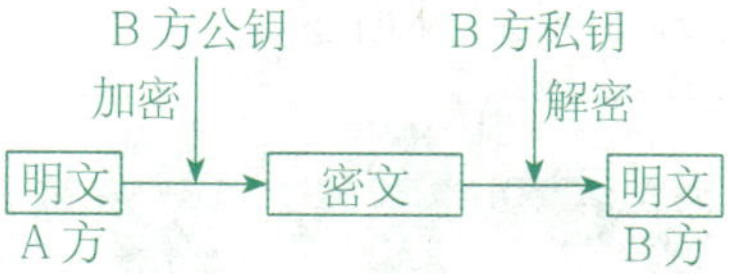

图5-10 非对称密钥密码工作原理

非对称密钥密码体系的优点：安全性能高，使用方便灵活；缺点：加密、解密速度慢。

例如，①A要向B发送信息，A和B都要产生一对用于加密和解密的公钥和私钥。

②A的私钥保密，A的公钥告诉B；B的私钥保密，B的公钥告诉A。

③A要给B发送信息时，A用B的公钥加密信息，因为A知道B的公钥。

④A将这个消息发给B（已经用B的公钥加密消息）。

⑤B收到这个消息后，B用自己的私钥解密A的消息。其他所有收到这个报文的人无法解密，因为只有B才有B的私钥。

3）数字认证技术

（1）认证中心就是承担网上安全电子交易认证服务，能签发数字证书，并能确认用户身份的受大家信任的第三方服务机构。认证中心的职能有证书发放、证书更新、证书撤销和证书验证。

（2）数字认证证书是以数字证书为核心的加密技术，可以对网络上传输的信息进行加密和解密、数字签名和签名验证，确保网上传递信息的安全性、完整性。使用了数字证书，即使个人发送的信息在网上被他人截获，甚至丢失了个人的账户、密码等信息，仍可以保证账户、资金安全。

数字证书的特征：是一种在Internet上验证身份的方式；由特定证书授权中心颁发的电子文书；证书的格式遵循ITU X.509国际标准。

数字证书的基本内容：证书所有者的姓名；证书所有者的公共密钥；证书的有效期；颁发数字证书的单位名称；数字证书的序列号；颁发单位的数字签名。

（3）数字签名：这是指信息发送者产生的一段别人无法伪造的数字串，这段数字串是证明发送者发送信息的真实性的一个有效凭证。它具有保证信息的完整性和发送者不可抵赖性。

（4）数字摘要技术：数字摘要是采用单向Hash函数对文件中若干重要元素进行某种加密变换运算（SHA）得到固定长度（128字节）的摘要码（数字指纹），并在传输信息时将之加入文件一同传送给接收方，接收方收到文件后，用相同的方法进行变换运算，若得到的结果与发送来的摘要码相同，则可断定文件未被篡改，反之亦然。数字摘要工作原理如图 5-11 所示。

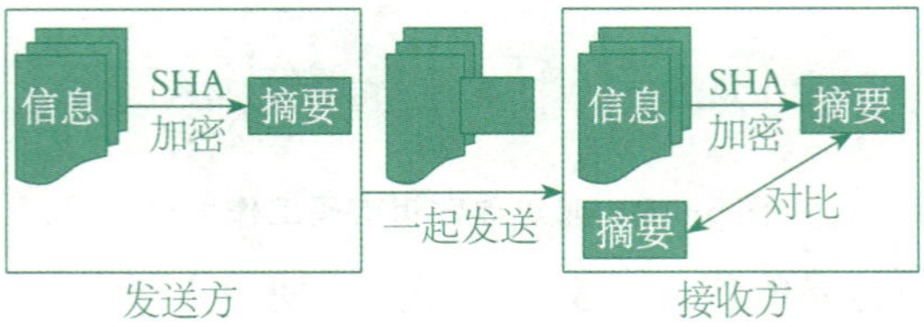

图 5-11 数字摘要工作原理

5.3 电子商务的物流保障

5.3.1 物流与现代物流的概念

1）物流的概念

物流的概念最早是在美国形成的，起源于 20 世纪 30 年代，原意为实物配送（Physical Distribution，PD）。1963 年被引入日本，日文意思是“物的流通”。20 世纪 70 年代后，日本的“物流”一词逐渐取代了“物的流通”。

中国的物流术语标准将物流定义为：物流（Logistics）是物品从供应地向接收地的实体流动过程中，根据实际需要，将运输、储存、装卸搬运、包装、流通加工、配送、信息处理等功能有机结合起来实现用户要求的过程。

从人类开始进行商品交易起，物资的物理性流动就伴随而来。物流随商品生产的出现而出现，随商品生产的发展而发展，所以物流是一种古老的传统的经济活动。物流的三要素包括：劳动者要素、资金要素、物的要素。

2）现代物流的概念

现代物流不仅单纯地考虑从生产者到消费者的货物配送问题，还要考虑从供应商到生产者对原材料的采购，以及生产者本身在产品制造过程中的运输、保管和信息等各个方面，如何全面地、综合性地提高经济效益和效率的问题。因此，现代物流是以满足消费者的需求为目标，把制造、运输、销售等市场情况统一起来考虑的一种战略措施。这与传统物流把它仅看成是“后勤保障系统”和“销售活动中起桥梁作用”的概念相比，在深度和广度上又有了进一步发展。在当今的电子商务时代，全球物流产业有了新的发展趋势。现代物流服务的核心目标是在物流全过程中以最小的综合成本来满足顾客的需求。

3）现代物流的特点

电子商务与物流的紧密结合；现代物流是物流、信息流、资金流和人才流的统一；电子商务物流是信息化、自动化、网络化、智能化、柔性化的结合；物流设施、商品包装的标准化，物流的社会化、共同化是电子商务下物流模式的特点。

5.3.2 物流的构成与功能

1）物流的构成

物流包括物体的运输、配送、仓储、包装、搬运装卸、流通加工，以及相关的物流信息等环节。

2）物流的功能

其包括运输、仓储、包装、装卸搬运、流通加工、信息服务等基本功能。

5.3.3 物流的类型

由于物流对象、目的、范围、范畴不同，形成了不同类型的物流。

1）宏观物流

宏观物流是指社会再生产总体的物流活动，是从社会再生产总体物流角度认识和研究的物流活动。宏观物流还可以从空间范畴来理解，在很大空间范畴的物流活动，往往带有宏观性；在很小空间范畴的物流活动则往往带有微观性。宏观物流研究的主要特点是综观性和全局性。宏观物流主要研究的内容包括：物流总体构成、物流与社会的关系在社会中的地位、物流与经济发展的关系、社会物流系统和国际物流系统的建立和运作等。

2）微观物流

消费者、生产者所从事的实际的、具体的物流活动属于微观物流。在整个物流活动中，其中的一个局部、一个环节的具体物流活动也属于微观物流。在小地域空间发生的具体的物流活动也属于微观物流。

3）社会物流

社会物流指超越一家一户的以社会为范畴面向社会的物流。

4）企业物流

企业物流从企业角度研究与之有关的物流活动，是具体的、微观的物流活动的典型领域。

5）国际物流

国际物流是现代物流系统中发展很快、规模很大的一个物流领域，是伴随和支撑国际间经济交往、贸易活动和其他国际交流所发生的物流活动。

6）区域物流

相对于国际物流而言，一个国家范围内的物流、一个城市的物流、一个经济区域的物流都处于同一法律、规章、制度之下，都受相同文化及社会因素影响，都处于基本相同的科技水平和装备水平之中。

7）一般物流

一般物流是指物流活动的共同点和一般性，物流活动的一个重要特点，是涉及全社会、各企业的，因此，物流系统的建立、物流活动的开展必须有普遍的适用性。

8）特殊物流

专门范围、专门领域、特殊行业，在遵循一般物流规律基础上，带有特殊制约因素、特殊应用领域、特殊管理方式、特殊劳动对象、特殊机械装备特点的物流，皆属于特殊物流范围。

5.3.4 物流管理的定义和特点

1）物流管理的定义

物流管理是指在社会再生产过程中，根据物质资料实体流动的规律，应用管理的基本原理和科学方法，对物流活动进行计划、组织、指挥、协调、控制和监督，使各项物流活动实现最佳协调与配合，以降低物流成本，提高物流效率和经济效益。现代物流管理是建立在系统论、信息论和控制论的基础上的。

2）物流管理的特点

（1）以实现客户满意为第一目标。

（2）以企业整体最优为目的。

（3）以信息为中心。

（4）重效率更重效果。

5.3.5 物流对电子商务的影响

电子商务交易过程中，只有伴随着商品使用权的转移——物流，才能完成一个完整的商品交易过程。因此，物流对电子商务的顺利进行具有重要的意义。

1）物流是促进电子商务发展的重要保证

电子商务运作过程包括了三大流，即物流、信息流和商流，其中，物流是基础，信息流是桥梁，商流是载体。合理化、现代化的物流，通过降低费用来降低成本，优化库存结构，减少资金占压，缩短生产周期，保障现代化生产的高效进行。相反，缺少物流，生产难以进行，无论电子商务是多么快捷的交易方式，仍将是无米之炊。

2）物流是开展电子商务竞争的重要手段

物流作为“第三利润源”，是降低企业成本、提高电子商务经济效率与效益的关键，从而支持电子商务的快速发展。同时，物流还能够扩大电子商务的市场范围，从而提升企业的竞争力。

3）物流是实现个性化服务的基础

电子商务的出现，方便了消费者，利用便捷的信息交流手段，消费者可以及时反映自己的需求，而物流是电子商务实现个性化服务的最终保证，缺少物流，消费者将对电子商务失去信心，从而转向更安全的传统购物方式。

4）物流现代化是电子商务发展的基础

物流现代化最重要的是物流信息化，物流信息化能更好地协调生产与销售、运输、储存等环节的联系，对优化供货程序、缩短物流时间及降低库存都十分重要。

5.4 电子商务的法律保障

电子商务不仅给全世界带来了全新的商务规则和方式，同时也给传统法律带来了冲击和挑战，其特有的方式、手段与环境令传统法律无法适应。由于电子商务的交易过程涉及商家、电信经营者、消费者、金融管理者等诸多方面，其中任何一个环节出现问题，都可能引发纠纷，这就需要相关法律法规来进行规范和约束。

5.4.1 电子商务法概述

1）电子商务法的基本概念

电子商务法，是指调整电子商务活动中所产生的社会关系的法律规范的总称。

2）我国电子商务活动的法律建设现状

我国于1996年成立了国际电子商务中心，1999年颁布了《中华人民共和国合同法》。2004年8月，第十届全国人民代表大会常务委员会通过了《中华人民共和国电子签名法》（以下简称《电子签名法》），首次赋予可靠的电子签名与手写签名或盖章具有同等的法律效力，并明确了电子认证服务的市场准入制度。《电子签名法》从根本上解决了我国电子商务发展所面临的一些关键性的法律问题，为实现我国电子签名合法化、电子交易规范化和电子商务法制化，以及今后的电子商务立法奠定了坚实的基础。

2018年8月31日，第十三届全国人民代表大会常务委员会第五次会议表决通过了《中华人民共和国电子商务法》（以下简称《电子商务法》），共有7章89条，其涵盖范围极广，针对普遍关注的市场准入问题、网上税收问题、舆论反应强烈的大数据杀熟现象、央视焦点访谈曝光的刷单内幕、呼声日益高涨的平台安全责任、网上个人隐私保护等，都做了明文规定。这一我国电子商务领域首部法律的正式出台，对促进行业持续健康发展具有重大意义。

3）电子商务法律主体

电子商务法律主体是指参与电子商务活动并在电子商务活动中享有权利并承担义务的个人和组织。电子商务法律主体如图5-12所示。

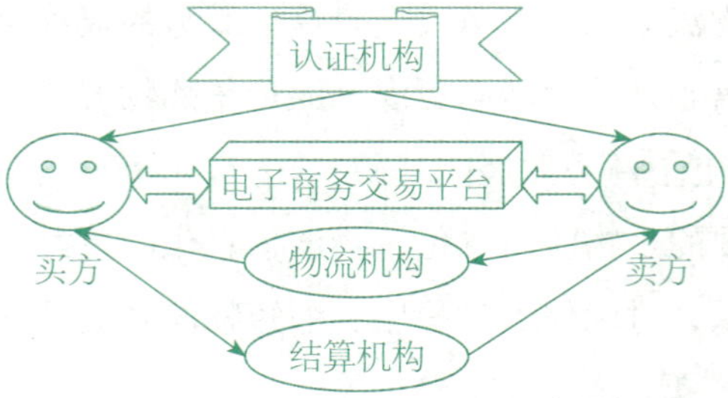

图5-12 电子商务法律主体

电子商务活动中，为了保证交易的安全和效率，除买方和卖方参与外，还需要许多第三方介入到服务交易或商品交付中，它们彼此发生联系，形成各种各样的法律关系。这些参与的第三方与交易双方共同构成了电子商务法律的主体，主要包括：

（1）交易双方。作为交易双方的商户和客户是直接通过网络缔结买卖合同或服务合同的当事人。

（2）电子商务交易平台。这是为电子商务的开展提供平台和媒介，又叫电子商务平台经营者。《电子商务法》第九条规定，“本法所称电子商务平台经营者，是指在电子商务中为交易双方或者多方提供网络经营场所、交易撮合、信息发布等服务，供交易双方或者多方独立开展交易活动的法人或者非法人组织”。

（3）结算机构。其是指电子商务过程中的金融服务机构，主要负责电子商务过程中资金的流转和结算。

（4）认证机构。其是指对电子签名及签署者的真实性进行验证的服务机构，主要保证整个交易的通畅与安全。

（5）物流机构。其负责电子商务实体货物的配送。

4）电子商务法的解读

（1）电子商务经营者的界定。在我国《电子商务法》出台之前，很多人认为淘宝、京东才是电商，因为其规模大，而微商、代购，因为规模小，法律管不到，所以不属于电商。马云说过一句话，我不是电商，我们是帮助电商的。

之所以出现以上言论，均是因为先前我国没有相关法律对电商进行明确的规定。现在，《电子商务法》第九条对电子商务经营者规定，“本法所称电子商务经营者，是指通过互联网等信息网络从事销售商品或者提供服务的经营活动的自然人、法人和非法人组织，包括电子商务平台经营者、平台内经营者以及通过自建网站、其他网络服务销售商品或者提供服务的电子商务经营者。”这也就是说，电子商务平台经营者和平台内经营者，无论规模大小，均属于电子商务经营者。

（2）平台内经营者的法律义务。为了规范电子商务市场环境，解决先前电子商务中存在的在线交易主体身份认证、市场准入等问题，电子商务法要求平台内经营者必须做到：①注册登记，依法纳税。②行政许可，首页亮证。电子商务经营者应当在其首页显著位置，持续公示营业执照信息、与其经营业务有关的行政许可信息，所经营的业务范围必须和证件内容相符。③保护消费者个人权益，不得杀熟。④刷单、刷评价等行为将涉嫌违法。⑤广告要符合规定，且表明“广告”字样。⑥隐形搭售商品属于违法行为。⑦押金退还流程需要公开透明。⑧不得利用平台优势进行垄断。⑨注重保护消费者隐私，提供注销路径。⑩物流破损、快递丢失等运输风险，将由卖家承担。⑪跨境电子商务，应该遵守相关规定。

（3）电子商务平台经营者的法律义务。电子商务平台经营者也属于电商范围，电子商务法对其提出了更高的要求：①报送平台内经营者身份信息、纳税信息。②监督平台内的商品和服务信息是否违法。③保证网络交易安全。④电商订单等信息可追溯，至少保存3年。⑤明确公示区分自营和平台内其他经营者。⑥电商平台有义务保障消费者人身财产安全，否则将承担连带责任。⑦信用评价体系将更加健全，平台不得删除评价。⑧加强知识产权保护，否则可能承担连带责任。

（4）快递的法律义务。①收件人有权当面查验货物，快递公司不得拒绝消费者验货；②快递由他人代收需要收件人本人同意；③快递包装应该使用环保材料。

（5）电子支付服务提供者的义务。电子支付服务提供者是指类似支付宝的电子支付经营主体，同样，电子商务法也对其进行了规制。主要设定了两个重要的义务：①提供交易记录和对账记录；②不符合安全管理规定，承担连带责任。

5）国外电子商务立法现状

（1）联合国《电子商务示范法》。1996年6月，联合国国际法律委员会提出了《电子商务示范法》蓝本，为各国电子商务立法提供了参照。《电子商务示范法》是世界上第一个关于电子商务的法律，它的出台，使电子商务的主要法律问题有了法律依据。

（2）美国的电子商务立法。美国的电子商务开展的时间最早，发展也最快。美国早在20世纪90年代中期就开始了有关电子商务的立法准备工作。2000年6月，美国签署了《全球和国家电子商务签名商业法》，为电子商务在商贸活动中使用电子文件和电子签名扫清了法律障碍。

（3）欧盟有关电子商务的立法状况。欧洲议会于1999年12月通过了《电子签名指令》，于2000年5月又通过了《电子商务指令》。这两部法律文件协调与规范了电子商务立法的基本内容，构成了欧盟国家电子商务立法的核心和基础。

（4）新加坡的电子商务立法。新加坡是发展信息高速公路及电子商务较早、较快的国家。1998年，新加坡颁布了有关电子商务的综合法律《电子商务法》。

5.4.2 电子签名

1）电子签名的概念

广义的电子签名是指凡能在电子通信中起到当事人身份作用及当事人对信息内容的确认的电子技术手段。其包括指纹、声波纹、脑电波、视网膜纹等生理特征的签名。

狭义的电子签名仅指数字签名。

根据我国《电子签名法》第二条的规定：电子签名是指数据电文中以电子形式所含、所附的用于识别签名人身份并表明签名人认可其中内容的数据。这里所称的数据电文，是指以电子、光学、磁或者类似手段生成、发送、接收或者储存的信息。

2）电子签名的作用

（1）识别身份（可用数字签名或生物特征识别）。

（2）认可内容。

（3）承担责任。

3）电子签名的效力

我国《电子签名法》第十三条规定，电子签名同时符合下列条件的，视为可靠的电子签名：

（1）电子签名制作数据用于电子签名时，属于电子签名人专有。

（2）签署时电子签名制作数据仅由电子签名人控制。

（3）签署后对电子签名的任何改动能够被发现。

（4）签署后对数据电文内容和形式的任何改动能够被发现。

同时，《电子签名法》第十四条又规定，可靠的电子签名与手写签名或者盖章具有同等的法律效力。

5.4.3 电子合同

1）电子合同的概念

电子合同指合同当事人之间为了实现一定目的，以数据电文的形式达成的设立、变更、终止民事权利义务关系的协议。

2）电子合同的特征

作为一种新的合同形式，电子合同与传统合同相比具有以下特点：

（1）电子合同存在形式的特殊性。

（2）电子合同订立过程的特殊性。

（3）电子合同成立与生效具有特殊性。

3）电子合同的订立和有效性

（1）电子合同的订立是指当事人按照要约和承诺的程序达成协议的行为和过程。

电子合同中的要约是指希望和他人订立合同的意思表示，该意思表示应当符合下列规定：内容具体确定；表明经受要约人承诺，要约人即受该意思表示约束；承诺是指受要约人同意要约的意思表示；承诺生效时电子合同成立；要约到达受要约人时生效。

（2）电子合同的有效性。

就合同的订立而言，除非当事各方另有协议，一项要约以及对要约的承诺均可通过数据电文的手段表示。如使用了一项数据电文来订立合同，则不得仅仅以使用了数据电文为理由而否定该合同的有效性或可执行性。

应用与示范

一、了解电子商务法

（1）打开中国人大网网址：http：//www.npc.gov.cn，进入电子商务法立法专题页面（http：//www.npc.gov.cn/npc/lfzt/rlyw/node_31834.htm）。

（2）了解电子商务法的立法进程及条款。

二、申请一卡通的网上操作功能

（1）登录到招商银行一网通的主页（www.cmbchina.com），如图5-13所示。

图5-13 招商银行一网通的主页

（2）在招商银行一网通主页中点击登录“个人银行大众版”，如图5-14所示。

图5-14 登录个人银行大众版界面

（3）注册一网通用户，填写相关信息，点击同意协议注册，如图5-15所示。

图5-15 注册一网通用户界面

（4）注册成功，如图5-16所示。

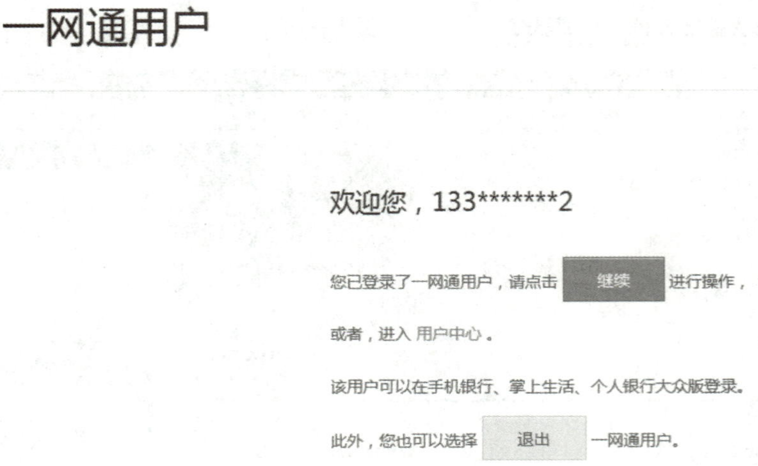

图5-16 注册成功界面

（5）用户名成功登录，可以进行关联卡管理、财务分析、用户管理。如图5-17所示。

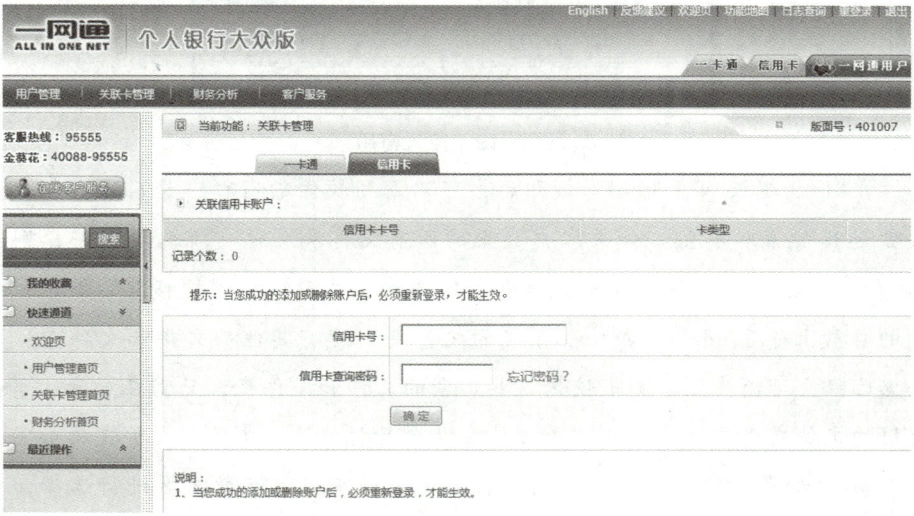

图5-17 一卡通登录界面

三、U盘加密

（1）下载软件“U盘超级加密3000”。

（2）把下载的“U盘超级加密3000”的压缩包打开，把里面的ude.exe文件放到需要加密的U盘里。安装“U盘超级加密3000”，如图5-18所示。

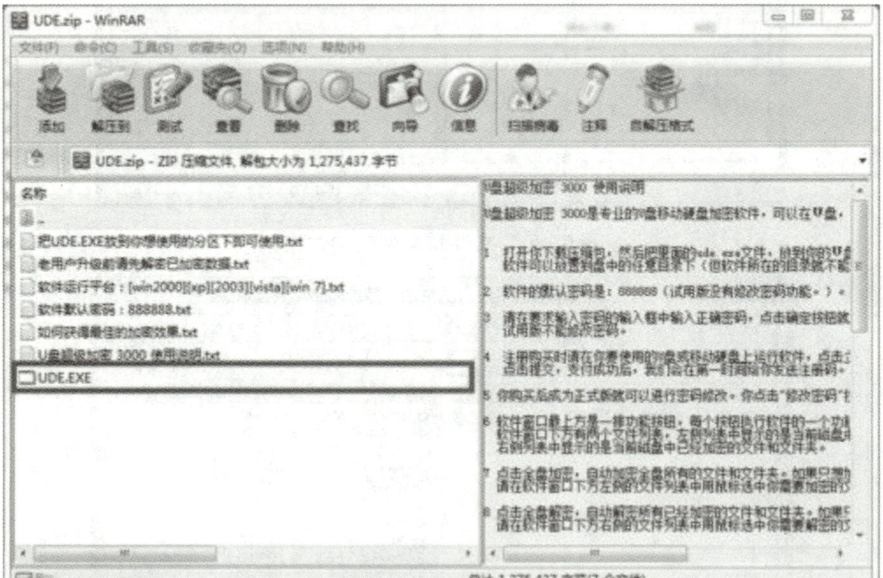

图5-18 安装“U盘超级加密3000”

（3）双击ude.exe，就会弹出一个密码输入框，如图5-19所示，输入默认的密码：888888，就可以打开“U盘超级加密3000”了。

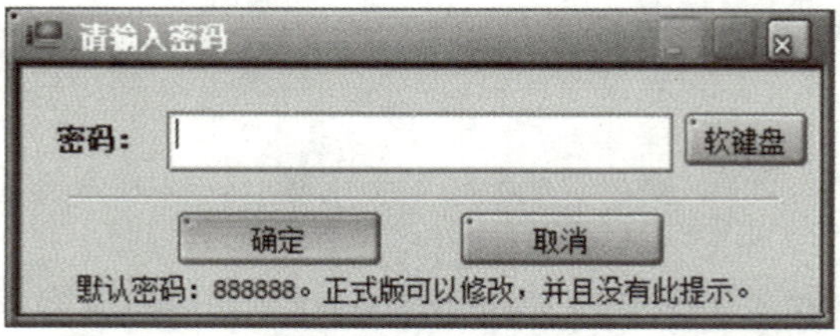

图5-19　输入密码

(4)“U盘超级加密3000”打开后，可以看到软件的窗口，然后点击相应的功能按钮进行加密和解密。如果客户盘里的所有文件和文件夹都需要加密，则点击“全盘加密”按钮，很快U盘里的所有文件夹和文件都从左侧转移到右侧了。这时客户的U盘上除了ude.exe和一些系统的文件夹，没有其他的文件和文件夹，加密的数据已经全部消失了。如果使用这些加密的文件和文件夹，只需在加密区双击需要使用的文件或者文件夹，文件或文件夹就自动打开了。文件和文件夹的加密如图5-20所示。如果只需要加密个别的文件或者文件夹，就在数据区进行选择，然后点击单个加密就可以了。单个文件的加密如图5-21所示。

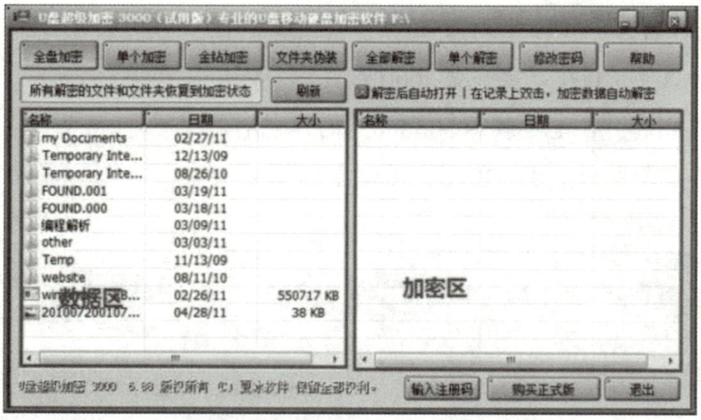

图5-20　文件和文件夹的加密

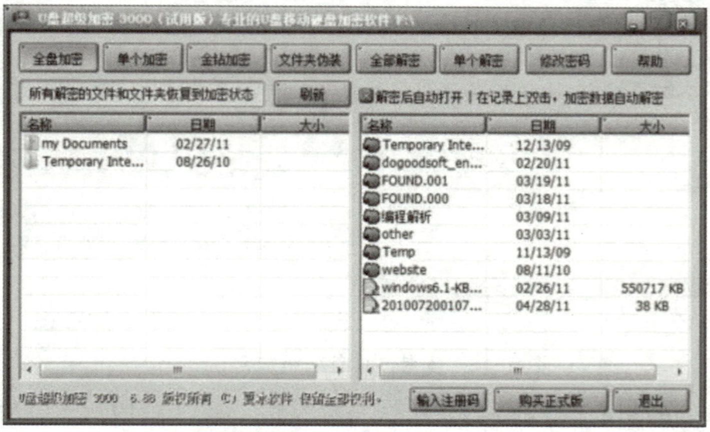

图5-21　单个文件的加密

（5）解密也是一样的。加密后，运行ude.exe，然后输入密码，就可以通过软件解密数据。文件解密如图5-22所示。

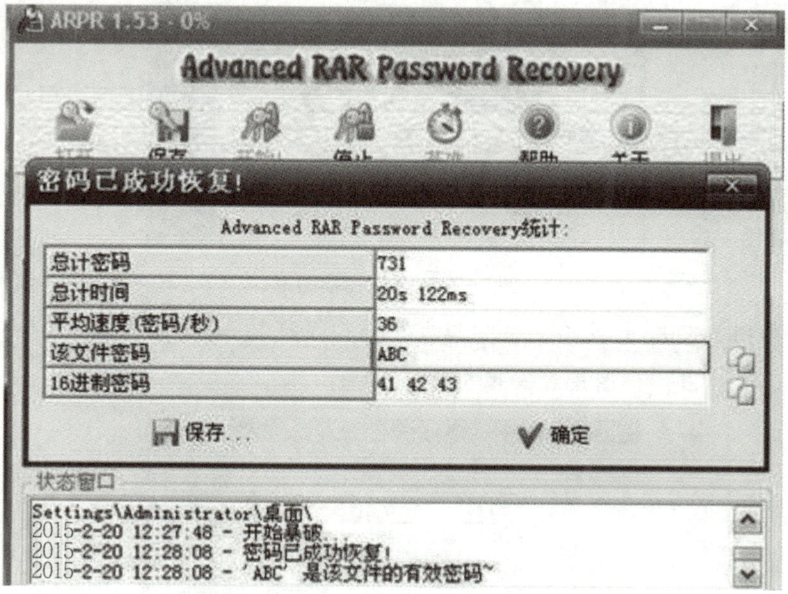

图5-22 文件解密

四、电子签名

（1）在白纸上手写下签名，并扫描为JPG文件。在Photoshop打开文件，如图5-23所示。

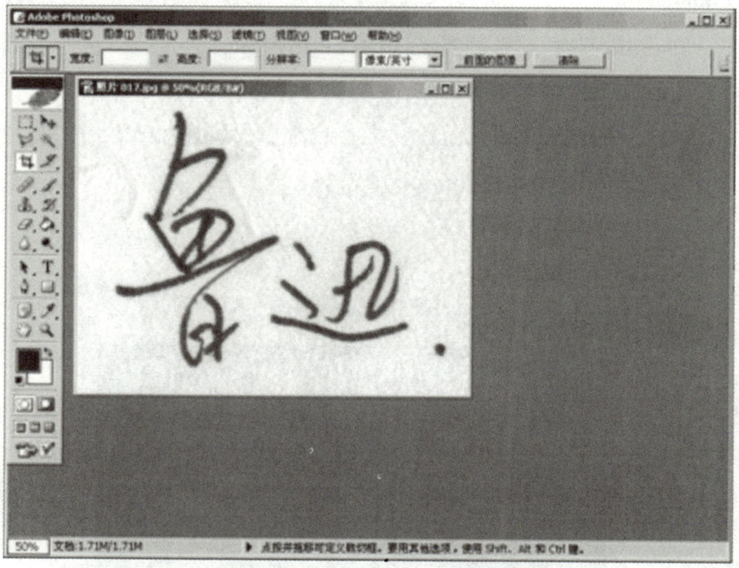

图5-23 在Photoshop中打开文件

（2）在Photoshop的菜单中点击“调整”→“亮度/对比度”，调整扫描图形，如图5-24所示，使其变得黑白对应明显。

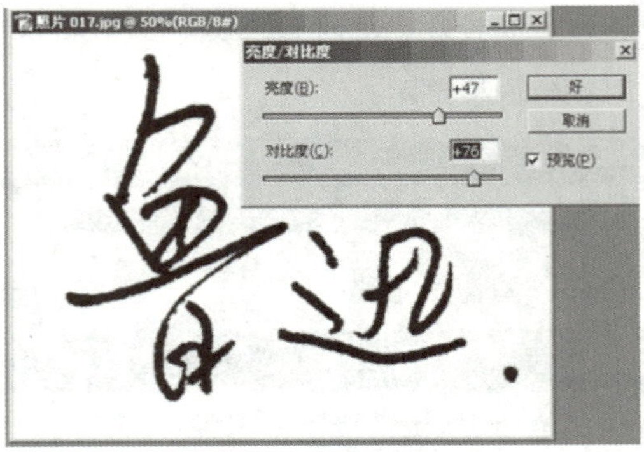

图 5-24　调整扫描图形

（3）在 Photoshop 的菜单点击“模式”→“灰度”，再点击“模式”→“位图”，位图的对话框弹出，位图设置如图 5-25 所示。

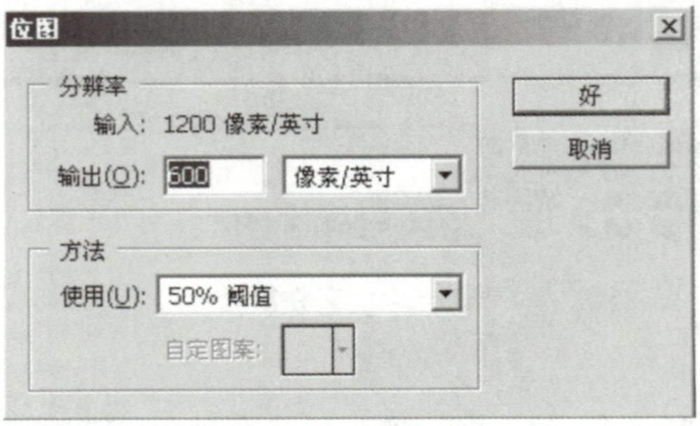

图 5-25　位图设置

（4）在 Photoshop 的菜单点击“文件”→“存储为”，将文件存为 TIF 格式。

（5）打开 VPstudio 程序，程序界面如图 5-26 所示。

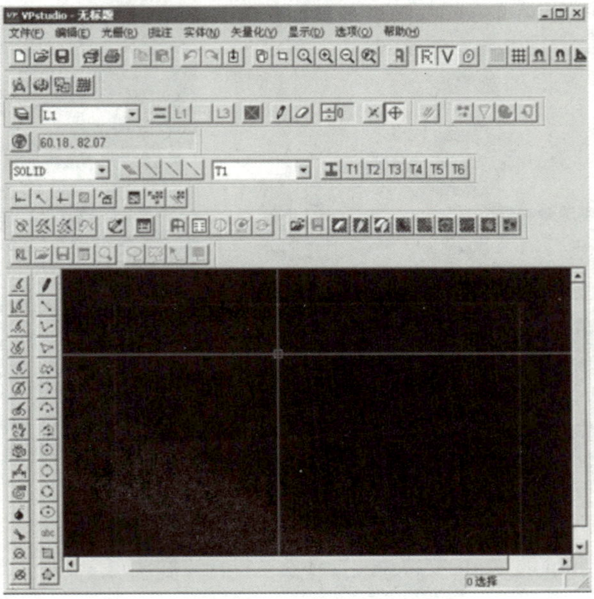

图 5-26　VPstudio 程序界面

（6）在菜单项选择打开文件，打开刚才保存的TIF文件，打开以后出现如图5-27所示的文字像素图。

图5-27　文字像素图

（7）在VPstudio程序的菜单中，点击“矢量化”一项，弹出矢量化设置对话框，如图5-28所示。

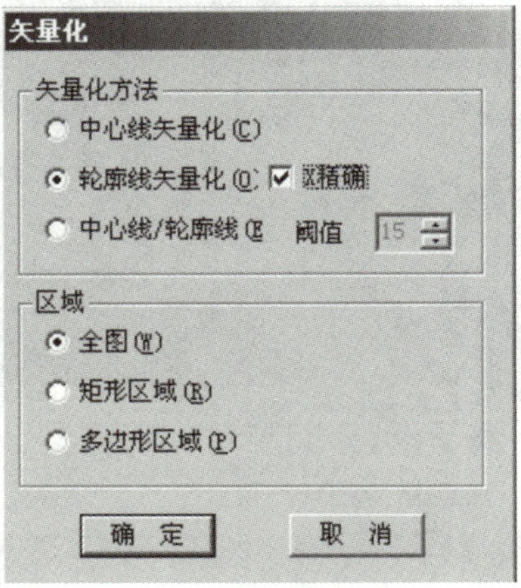

图5-28　矢量化设置

（8）描边以后，像素图的边界出现一圈白色的矢量描边，选取矢量描边，点击按钮，将其定义成L1图层，也就是变成红色图层，调整矢量化图层，效果如图

5-29所示。

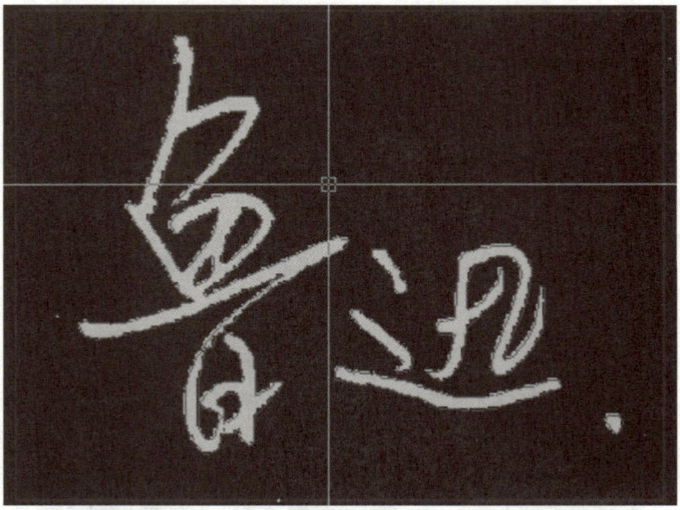

图5-29　调整矢量化图层

（9）在VPstudio程序的菜单中，点击“文件”→“输出”一项，弹出保存文件对话框，将矢量导出，保存DWG文件，如图5-30所示。保存以后，采用AutoCAD软件打开该DWG文件。

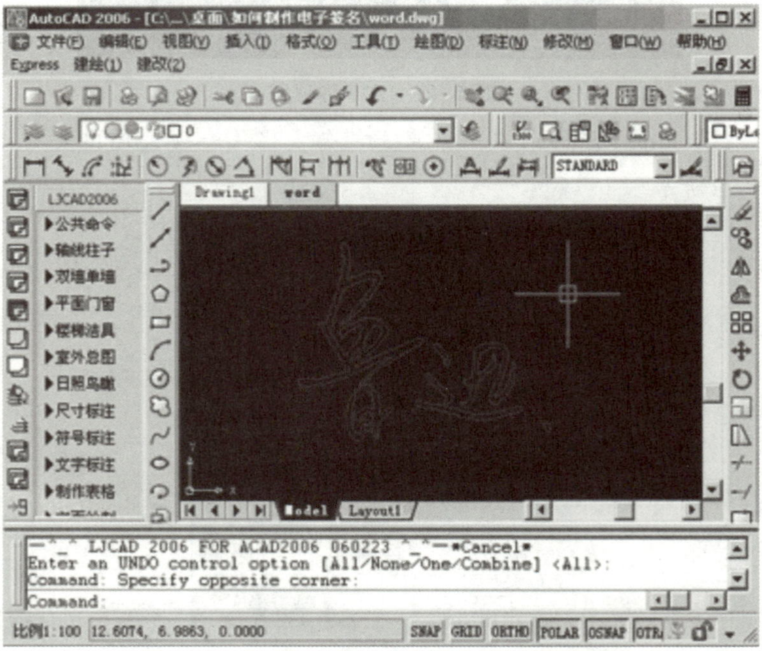

图5-30　保存文件

（10）在AutoCAD程序里面对有边框的签名进行实心颜色填充，签名的填充效果如图5-31所示。

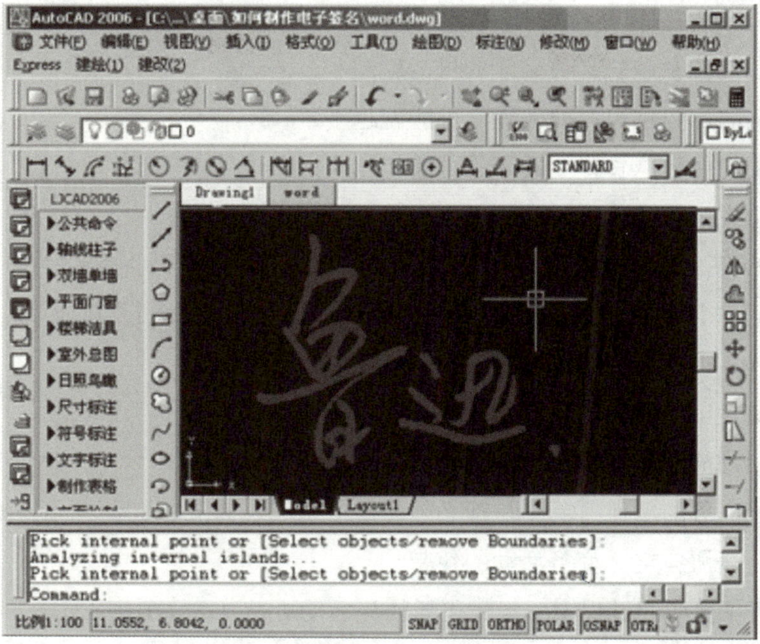

图 5-31 签名的填充效果

如果想在Word文档中自由地增加用户的电子签名，可以将其保存为WMF文件，在AutoCAD中选取签名，再导出WMF文件就行了。

检测与巩固

一、单项选择题

1.全球第一家网络银行成立于（　　）年。

A.1980　　B.1990　　C.1995　　D.1993

2.目前，电子支付存在的最关键的问题是（　　）。

A.技术问题　　B.安全问题　　C.成本问题　　D.观念问题

3.以数字形式流通的货币是（　　）。

A.电子支票　　B.支票　　C.现金　　D.电子现金

4.中国第一家网上银行是（　　）。

A.招商银行　　B.中国银行　　C.中国工商银行　　D.中国建设银行

5.商务信息的（　　）是进行电子商务的前提。

A.安全性　　B.全面性　　C.完整性　　D.唯一性

6.电子签名是解决（　　）的问题。

A.数据被泄露或篡改　　B.身份确认

C.未经授权擅自访问网络　　D.病毒防范

7. 密钥的长度是指密钥的位数，一般来说（　　）。

A. 密钥的位数越长，被破译的可能就越小

B. 密钥的位数越短，被破译的可能就越小

C. 密钥的位数越长，被破译的可能就越大

D. 以上说法都正确

8. 1999年9月，有关媒体组织了一次“72小时的网上生存实验”，结果暴露了不少问题，其中物流配送是最大的问题之一。根据这段话，以下观点不正确的是（　　）。

A. 物流是电子商务的重要组成部分

B. 我国物流业起步较晚、水平较低

C. 电子商务的任何一笔交易都必须涉及信息流、商流、资金流和物流

D. 物流是所有电子商务活动的纽带

9. 在商品生产的过程中，现代化的物流活动可以（　　）。

A. 提高生产成本　　B. 优化库存结构

C. 增加资金占压　　D. 增长生产周期

10.（　　）是现代化物流的基础和保证。

A. 现代化的信息系统　　B. 现代化的资金管理

C. 现代化的商流管理　　D. 现代化的网络系统

11. 包装一般分为商业包装和（　　）。

A. 出售包装　　B. 储存包装　　C. 运输包装　　D. 简单包装

二、判断题

1. 物流为网上交易的最后一个环节，其执行结果的好坏将对电子交易的成败起着十分重要的作用。（　　）

2. 电子商务的任何一笔交易都由信息流、商流、资金流、物流四个基本部分组成。（　　）

3. 电子商务的流程体现不了物流的重要性。（　　）

4. 商流的结果由物流完成。（　　）

5. 在电子商务环境下，物流企业介于买卖双方之间的第三方，以服务作为第一宗旨。（　　）

6. 电子商务必须有现代化的物流技术支持。（　　）

三、填空题

1. 电子支付工具可以分为（　　）、（　　）、（　　）三大类。

2. 电子货币类支付工具包括（　　）、（　　）等。

3. 手机支付的本质是（　　）的转移，核心是（　　），支付介质是（　　）。

4. 电子支付涉及的实体有（　　）、（　　）和（　　）。

5. 电子商务面临的威胁主要有（　　）、（　　）、（　　）和（　　）等。

6. 现代加密技术有两种体系，即（　　）和（　　）。

7. 数字证书具有的三个特征为（　　）、（　　）和（　　）。

8. 电子商务法是指调整电子商务活动中所产生的（　　）法律规范的总称。

9. 电子商务活动中的法律主体包括（　　）、（　　）、（　　）、（　　）和（　　）。

10. 我国第一部电子商务法是（　　）年（　　）月（　　）日正式开始实施的。

四、简答题

1. 什么是电子支付？其有何特点？

2. 简述智能卡的使用流程。

3. 简述电子支票的使用方法。

4. 什么是防火墙？防火墙有哪些功能？

5. 简述计算机病毒感染的途径。

6. 什么是物流？其功能是什么？

7. 谈谈物流有哪些分类。

8. 电子商务带来哪些新法律问题？

9. 什么是电子签名？电子签名有什么作用？

训练与提高

◆训练目标

能够利用所学知识进行网上银行的申请、制作简单的签名和加密等的基本操作。

◆训练内容

（1）进入在线银行（中国银行、中国工商银行或中国农业银行等）主页，注册并申请会员。

（2）给自己的U盘加密并解密。

（3）制作简单的电子签名。

◆训练方法

上机实操。

◆训练要求与建议

设计电子签名，在班级内进行评比并进行教学成果展示。

评价与建议

评价与建议表见表5-1。

表5-1 评价与建议表

项　目	能独立完成	合作完成	继续学习	意见和建议
基本概念和知识				
申请开通网上银行账户				
对U盘进行加密并解密				
制作简单的电子签名				

注：在符合自己情况的单元格内打“√”或“×”，也可以填“是”或“否”。

主要参考文献

[1] 张远鑫，艾柯. 一网打尽：互联网带来的100个商业机会 [M]. 哈尔滨：哈尔滨出版社，2000.

[2] 张楚. 电子商务法初论 [M]. 北京：中国政法大学出版社，2000.

[3] 马文良. 网络广告经营技巧 [M]. 北京：中国国际广播出版社，2001.

[4] 黄京华. 电子商务教程 [M]. 北京：清华大学出版社，2003.

[5] 王健. 电子商务 [M]. 深圳：海天出版社，2003.

[6] 春歌. 二十一世纪中国少数民族风情录 [M]. 北京：中国画报出版社，2004.

[7] 张羿. 中国地理速读 [M]. 北京：中国书籍出版社，2004.

[8] 詹益生. 国际电子商务 [M]. 广州：暨南大学出版社，2006.

[9] 覃征，韩毅，等. 电子商务概论 [M]. 北京：高等教育出版社，2006.

[10] 周曙东. 电子商务概论 [M]. 南京：东南大学出版社，2008.

[11] 蒋文杰，田雨. 电子商务实用教程 [M]. 杭州：浙江大学出版社，2006.

[12] 宋文官. 电子商务基础与实务 [M]. 北京：人民邮电出版社，2007.

[13] 环博文化. 网店开门红——网上店铺设计、制作与营销推广 [M]. 北京：人民邮电出版社，2008.

[14] 小铁柱哥. 淘宝网新手开店日记 [M]. 北京：人民邮电出版社，2008.

[15] 国家民委《民族问题五种丛书》编辑委员会. 中国少数民族 [M]. 北京：民族出版社，2009.

[16] 魏亚萍. 电子商务基础 [M]. 北京：机械工业出版社，2008.

[17] 陈谦. 网上开店创业宝典 [M]. 北京：中国经济出版社，2009.

[18] 陶秋丰. 100个可操作的网络赚钱方法 [M]. 昆明：云南科技出版社，2009.

[19] 张明初，张昊，赵春菲. 网上开店一学就会 [M]. 北京：中国经济出版社，2010.

[20] 陈镇. 跟高手学开网店 [M]. 北京：电子工业出版社，2011.

[21] 汪玉. 浅谈电子商务涉及的法律问题 [J]. 法学评论，2000（4）.

[22] 薛虹. 电子商务的法律问题 [J]. 法律适用，2000（7）.

[23] 王琦君，严晓青，徐伟丹. 网络广告研究概述 [J]. 当代传播，2006（6）.

[24] 赵芳. 电子商务概论 [M]. 大连：东北财经大学出版社，2015.

[25] 中华人民共和国教育部. 中等职业学校专业教学标准（试行）财经商贸类（第一辑）[M]. 北京：高等教育出版社，2014.

[26] 刘珂. 淘宝、天猫网上开店速查速用一本通：开店、装修、运营、推广完全攻略 [M]. 北京：北京时代华文书局，2015.

[27] 王易. 微信营销与运营：策略、方法、技巧与实践 [M]. 北京：机械工业出版社，2013.

[28] 许晓辉. 一个人的电商：运营策略与实操手记 [M]. 北京：电子工业出版社，2015.

[29] 江礼坤. 网络营销推广实战宝典 [M]. 北京：电子工业出版社，2012.

[30] 淘宝大学. 网店运营 [M]. 北京：电子工业出版社，2018.

[31] 淘宝大学. 网店运营、美工视觉、客服 [M]. 北京：电子工业出版社，2018.

[32] 赵军，吴灿铭. 电子商务必学的16堂课：跨境开店+精准营销 [M]. 北京：清华大学出版社，2018.